高职高专经济管理类精品规划教材

CASHIER PRACTICE

出纳实务

高春伟 ◎ 主编

上海财经大学出版社
SHANGHAI UNIVERSITY OF FINANCE & ECONOMICS PRESS
上海学术·经济学出版中心

图书在版编目(CIP)数据

出纳实务/高春伟主编. —上海:上海财经大学出版社,2024.1
高职高专经济管理类精品规划教材
ISBN 978-7-5642-4251-0/F.4251

Ⅰ.①出… Ⅱ.①高… Ⅲ.①出纳-会计实务-高等职业教育-教材
Ⅳ.①F233

中国国家版本馆 CIP 数据核字(2023)第 184897 号

□ 策划编辑　陆迎东　陈　佶
□ 责任编辑　黄　荟
□ 封面设计　贺加贝

出纳实务

高春伟　主编

上海财经大学出版社出版发行
(上海市中山北一路 369 号　邮编 200083)
网　　址:http://www.sufep.com
电子邮箱:webmaster@sufep.com
全国新华书店经销
上海颛辉印刷厂有限公司印刷装订
2024 年 1 月第 1 版　2024 年 1 月第 1 次印刷

787mm×1092mm　1/16　13 印张　218 千字
定价:45.00 元

前　言

党的二十大报告指出，“统筹职业教育、高等教育、继续教育协同创新，推进职普融通、产教融合、科教融汇，优化职业教育类型定位”，为职业教育发展明确了方向。职业教育财会专业人才的培养与社会经济活动联系密切，出纳实务是高职高专财会教育的核心技能课程，是一门实践性和操作性很强的课程，是高职高专会计、金融等财经类专业的必修课。通过该课程的学习，学生可以全面掌握出纳人员必备的基本技能及出纳岗位的实务操作技能，同时培养学生的出纳职业能力及良好的职业素养。

本书是河南测绘职业学院高职会计专业立体化教材项目成果。全书以《中华人民共和国会计法》《企业会计准则》《支付结算办法》等法律法规为依据，针对有关企业会计、出纳、银行柜员等岗位能力进行调研分析，紧密结合岗位实际情况，确定了与工作岗位最为贴近的6个教学项目，对每个项目做了详细的分析讲解。本书按照高等职业教育“教、学、做”一体化的教学要求，坚持“理论够用为度”的教学设计原则。在编写过程中，我们力求突出重点，着重培养学生从基本知识到专业技能的转化过程，真正提高学生的操作实践能力，将优质的教学成果融入教材建设，突出高职教育的“职业性、实践性、开放性”等特点，注重培养满足岗位要求的高素质财经类专业技术技能型人才。

本书由高春伟担任主编，尚瑞博、夏廷茹担任副主编，申留笛、段玉青、杜雅参编。

本书是各位老师集体智慧的结晶，但由于时间有限、水平有限，教材尚有不足之处，敬请广大读者提出宝贵建议。

编　者

2024年1月

目　　录

项目一

认知出纳岗位

学习目标

知识目标

1. 了解出纳的含义。

2. 明确出纳工作的对象和特点。

3. 理解出纳与会计的关系。

4. 了解出纳工作的流程。

5. 了解出纳人员的任职要求。

能力目标

1. 能够区分出纳与会计的不同。

2. 能够梳理出纳的工作内容和流程。

素质目标

1. 具备出纳工作人员的基本条件和基本素质。

2. 强化出纳工作流程意识,培养标准化操作职业素养。

3. 养成良好的出纳工作习惯。

任务一 了解出纳工作岗位

【任务引入】

林某是某学校财会专业的毕业生，他想到人才市场去应聘一份出纳工作。为了更好地参加应聘，林某需要温习哪些出纳知识呢？

【知识准备】

了解出纳岗位

一、出纳的含义

根据我国相关法律规定，任何有独立资金运转的企事业单位都需要根据实际情况设置出纳岗位。

通常人们所说的出纳，是指从事出纳工作的人员。实际上，出纳在不同场合有着不同的含义和内容，它既可以表示出纳工作，也可以表示出纳人员。

（一）出纳工作

从“出纳”字面上看，“出”是指支出，“纳”意为收入，出纳的意思就是负责现金的收入和支出。出纳工作就是管理货币资金、票据、有价证券的收入和支出的一项工作。

具体来说，出纳工作就是按照国家现金管理的相关规定和制度，办理现金收付、银行结算及相关账务工作，保管库存现金、有价证券、财务印章及有关票据的工作等。出纳工作既包括本单位现金收付、银行结算等业务的办理，也包括本单位库存现金、有价证券、票据和财务印章的整理与保管，还包括对本单位货币资金和有价证券的会计核算等。

由于所在单位的业务特点不同，出纳工作可进一步分为以下3种类型：

1. 全能型出纳

全能型出纳常见于小微型企业、社区中心等单位或组织，他们承担着所在单位资金收付存管理的全部工作，其工作内容涉及业务处理的全过程和各个方面。

2. 专业型出纳

专业型出纳常见于现金或银行业务收支发生频率较高的单位，如单体的零售和餐饮机构。这类出纳在单位中有明确的工作职责，单独从事部分专项工作，如只负责现金业务的现金出纳、只负责银行存款业务的银行出纳等。

3. 层级型出纳

层级型出纳常见于资金收支业务经办点、资金收支业务发生频率较高的单位，如酒店、医院、连锁型零售企业和餐饮机构等。这类单位一般就出纳岗位会设置多个资金收支岗位，其中既包括专业型的出纳岗位，又包括对出纳岗位业务进行汇总、记账、检查等的上级岗位。

（二）出纳人员

出纳人员有广义和狭义之分。广义的出纳人员既包括会计部门的出纳工作人员，也包括业务部门的各类收银员。而狭义的出纳人员，仅指会计部门的出纳人员。

无论是广义的还是狭义的出纳人员，他们的主要工作都是办理货币资金和各种票据的收入和支出，保证自己经手的货币资金和票据的安全性与完整性，以及填制和审核原始凭证。出纳人员要根据《中华人民共和国会计法》《会计人员工作规则》的要求从事出纳工作。

实务点拨

各类收银员（收款员）的主要工作是办理货币资金和各种票据的收付业务，他们的工作一般是在经济活动的第一线，即便他们需要保证经手的货币资金和票据的安全性与完整性，但他们收到的货币资金和票据通常要转交给专职的出纳人员管理并登记账簿，所以收银员（收款员）并不是狭义的出纳人员。

二、出纳工作的对象和特点

（一）出纳工作的对象

出纳工作的对象就是各单位的货币资金运动，以及用货币形式表现的所有经济业务活动。货币资金就是广义上的现金，是指各单位停留在货币形态上的那部分流动资产。

从出纳的角度来看，货币资金包括实际持有的库存现金和银行存款两部分。从具体形式来看，货币资金包括铸币、纸币、银行存款、本票、支票和银行汇票等。从实际工作来看，对货币资金的核算基本上是通过单位的出纳来办理的。从货币资金的流向来看，货币资金可分为：(1)收入货币资金，即货币资金流入本单位；(2)支出货币资金，即货币资金流出本单位；(3)货币资金在银行的存入和提取；(4)货币资金的结存，表现为结算出各单位在某一时点上库存现金和银行存款的余额。

（二）出纳工作的特点

1. 社会性

出纳工作担负着一个单位货币资金的收付、存取任务，而这些任务的完成是置于整个社会经济活动的大环境之中的，是与整个社会的经济运转相联系的。只要这个单位发生经济活动，就必然要求出纳人员与之发生经济关系。例如，出纳人员要了解国家有关财会政策法规并参加这方面的学习和培训，出纳人员要经常跑银行等。因此，出纳工作具有广泛的社会性。

2. 专业性

出纳工作作为会计工作的一个重要岗位，有着专门的操作技术和工作规则。凭证如何填制、日记账怎样记都很有学问，就连保险柜的使用与管理也是有讲究的。因此，要做好出纳工作，一方面要经过一定的职业教育，另一方面也需要在实践中不断积累经验，掌握工作要领，并熟练使用现代化办公工具，做一名合格的出纳人员。

3. 政策性

出纳工作是一项政策性很强的工作，其中的每一个环节都必须依照国家规定进行。例如，办理现金收付业务要按照国家现金管理规定进行，办理银行结算业务要根据国家银行结算办法进行。《会计法》《会计基础工作规范》等法规都把出纳工作并入会计工作，并对出纳工作提出了具体的规定和要求。如果出纳人员没有掌握这些政策法规，就做不好出纳工作；不按这些政策法规办事，就违反了财经纪律。

4. 时间性

出纳工作具有很强的时间性，何时发放职工工资、何时核对银行对账单等，都有严格的时间要求，一天都不能延误。因此，出纳人员心中要有一个时间表，必须及时办理各项工作，保证出纳工作的质量。

了解出纳岗位（职责）

三、出纳岗位的职责

（一）严格执行现金管理和银行结算制度

（1）库存现金管理。出纳人员应严格遵守现金开支范围和库存现金限额制度，做到日清月结，掌握每天的库存现金余额，不得超过银行核定的限额，超过限额的现金应及时送存银行。如果发生超过库存现金限额被罚款时，由出纳人员负责。（注：库存现金限额是指为保证单位日常零星开支的需要，允许单位保留现金的最高数额。）

库存现金限额由开户银行根据开户单位的实际需要核定。通常按开户单位 3～5 天的日常零星开支所需现金核定。远离银行或交通不便的单位，可适当放宽限额，但最高不得超过 15 天。

库存现金限额可用下列公式计算确定：

库存现金限额＝（某月现金支付总额－该月支付的工资额）/30×（3～5 或 15）

（2）不允许违反现金管理规定编造用途从银行套取现金。

（3）不允许以“白条”（即未经领导批准的借款借据）抵充库存现金；不准贪污挪用现金。

（4）随时掌握银行存款余额，不允许签发超过银行存款余额的“空头支票”（即签发支票的金额超过银行存款的余额）。出纳人员开出空头支票发生的罚款，由出纳人员负责。

（5）出纳人员不得将“空白支票”（即未填写支付金额的转账支票）交给其他单位或个人。

（6）不准将银行账户出租、出借给任何单位或个人办理结算业务。

（二）负责办理现金收支和银行结算业务

（1）根据会计审核人员签章的收付款凭证，在经出纳人员复核后，才允许办理现金收支及银行结算业务。出纳人员复核的内容主要包括核对原始凭证与记账凭证的会计事项是否一致、金额是否相符、内容是否真实。复核无误后，再办理付款手续。

（2）收付款业务办理完毕，要及时在收付款凭证上签章，并加盖“收讫”或“付讫”戳记，防止重复记账。

（3）开错的支票，必须加盖“作废”戳记，连同存根一起保存；支票遗失时，应立即向银行办理挂失手续，并通知相关单位。

（4）对重大的开支项目，如固定资产更新改造、改扩建工程款支出等，须经会计主管人员、总会计师或单位领导审核后，再办理付款手续。

（三）负责登记现金、银行存款日记账

（1）根据已办理完毕的收付款凭证，逐笔随时登记现金日记账和银行存款日记账，每日终了应结出余额。现金日记账余额与实际库存现金核对，如发现短缺或溢余，应立即查找原因，做到账实相符。银行存款日记账余额要定期与银行对账单进行核对，定期编制“银行存款余额调节表”，使银行存款账面余额与对账单余额调节相符；对于未达账款，要及时查询。

（2）对于现金和银行存款收支业务较多的单位，领导或相关管理部门需要掌握每日现金和银行存款情况的，还应于每日终了根据现金日记账和银行存款日记账编制现金和银行存款日报表，以反映现金和银行存款的收、支、存情况。

（3）加强内部牵制制度，贯彻钱账分管原则。出纳人员除自行填制从银行提取现金或向银行存入现金的收付款凭证外，不得填制其他会计事项的收付款凭证，也不得兼管收入、费用、债权债务等账簿的登记、核对工作和会计档案保管工作。

（四）负责保管库存现金、有价证券、各种票据和相关印章

（1）妥善保管库存现金及各种有价证券，要注意保管好保险柜钥匙，离开岗位时做到人走柜锁，不得将钥匙随意交付他人。对保险柜密码，应保守秘密。

（2）妥善保管空白支票、空白收据，并设立支票、收据领用登记簿，及时办理领用、注销手续。

（3）妥善保管支票专用章、财务专用章、收讫和付讫等印章，各种印章必须严格按规定使用。

（4）核对外埠存款，并及时清理结算或收回。

（5）对上级主管部门以及财政、税务、审计、银行和工商等部门的财务检查，要负责提供有关资料，如实反映，不得弄虚作假。

四、出纳工作流程

出纳工作是按时间分阶段进行处理和总结的。因此，为了保证出纳业务得到及时处理、出纳信息得到及时反映，就必须制定行之有效的工作流程：

（1）上班第一时间应检查保险柜里的现金、有价证券及其他贵重物品。

（2）向有关领导及会计主管请示资金安排计划，如果库存现金不足，则先到银行提取现金。

（3）列出当天应处理的事项，分清轻重缓急，根据工作时间合理安排。

（4）按顺序办理各项收付款业务。

（5）将所有的收付款单据登记现金日记账和银行存款日记账。

（6）当天下班前，进行账实核对，必须保证现金实有数与现金日记账、总账相符；收到银行对账单的当天，出纳人员应进行核实，使银行存款日记账、总账与银行对账单在进行余额调节后相符。

（7）当天下班前，出纳人员应整理好办公用品，锁好抽屉及保险柜，保持办公场所整洁，无资料遗漏或乱放现象。

（8）因特殊事项或情况造成工作未完成的，应列明未尽事项，留待次日优先办理。

(9)其他出纳工作的办理。

(10)根据单位需要,每天或每周报送一次出纳报告。

(11)每月定期对支票、发票、有价证券等重要结算凭证进行清点,按顺序进行登记核对。

五、出纳账务处理程序

企业可采取的账务处理程序包括记账凭证账务处理程序、科目汇总账务处理程序、汇总记账账务处理程序等。然而,无论企业采取哪种方式,出纳账务处理程序都是基本一致的。

具体来说,包括以下几个步骤:

(1)出纳根据原始凭证及原始凭证汇总表填制收款凭证和付款凭证。

(2)根据收款凭证和付款凭证逐笔登记库存现金日记账和银行存款日记账。

(3)将库存现金日记账的余额每天与库存现金、库存现金总账进行核对;将银行存款日记账与银行存款总账、银行存款对账单进行核对。

(4)根据日记账的记录、核算情况,按照单位要求出具出纳报表和报告。

实务点拨

公司内部配置多少出纳人员是根据企业的规模来决定的。按照相关规定,出纳岗位有以下几种设置方法:

(1)一人一岗:业务量不多的中小规模企业可以设置一名专职出纳。

(2)一人多岗:业务简单的小规模企业可设置一名兼职出纳。

(3)一岗多人:业务量多而复杂的大规模企业可以设置多名专职出纳,如现金出纳和银行存款出纳等。

需要注意的是,出纳人员不得兼管稽核工作、会计档案保管工作,以及收入、支出、费用和债权债务账簿的登记工作。

【任务实施】

林某在人才市场看到某公司规定的财务人员工作职责,请分析哪些属于出纳的工作职责。

表 1—1　出纳工作职责分析

序号	工作职责	分　析
1	根据发票和费用报销单办理费用报销	
2	审核公司本部和各下属单位上报的会计报表和集团公司会计报表，并进行财务分析	
3	保管各种空白支票、票据、印鉴	
4	负责接收各项银行存款进账凭证	
5	按规定每日登记库存现金日记账和银行存款日记账	
6	负责现金收款并开具收据	
7	负责填写转账支票	
8	负责编制银行存款余额调节表	
9	负责编制记账凭证，并登记总账	
10	负责编制资产负债表、利润表和现金流量表	

任务二　出纳人员的任职要求

【任务引入】

林某在参加应聘时，面试官对他提出了一个问题："你认为除了掌握出纳工作的基本知识外，还应具备哪些任职要求？"

【知识准备】

一、全面的职业意识

一名合格的出纳人员，除了具备扎实的专业技能之外，还要具备全面的职业意识。总体来说，出纳人员应具备的职业意识包括法律意识、安全意识、凭据意识和数据准确意识。

(一)法律意识

正所谓"没有规矩，不成方圆"，法律、规章就是规范人们行为的有效依据和手段。出纳工作是单位内控管理的重要环节，如果出纳人员不了解、不遵守法律法规，就可能出现随意处置票据、按照关系亲疏报销费用、不按规则登记账目、日记账登记混乱等现象。

1. 法律法规

国家为了规范出纳人员的执业行为，颁布了一系列法律法规，如

《中华人民共和国会计法》《会计人员管理办法》等。出纳人员只有在了解这些法律法规的基础上，才能做好自己的本职工作，为单位把好关，减少甚至避免单位因违法而造成的损失。

2. 单位的规章制度

出纳人员是所在单位中的一员，单位作为一个组织集体，对各项工作的运作都有一些流程、限制或操作上的规定，而这些规定通常会以文件的形式呈现，以规章制度的形式传达给各个员工。出纳人员开展业务工作不能仅凭自己的专业知识随意发挥，而是应以单位的各项规章制度为依据。不同单位的规章制度侧重点会有所不同，但一般而言，各单位都会为财务工作者制定财务管理制度，即财务人员从事业务工作的基本规范。其中，会计核算制度、财务管理制度和财务收支审批报告制度是出纳人员常用的 3 项制度。

(1)会计核算制度。单位的会计核算制度提出了对会计工作者的基本要求，为会计、出纳等工作人员指明和提供了方向与制度支持。出纳是会计系统中不可分割的一部分，虽然涉及的会计核算工作较少，但在进行登记日记账等工作时，也应按照会计核算制度中的相关规定，正确贯彻会计政策，选择恰当的会计科目，采用正确的格式进行登记。

(2)财务管理制度。财务管理制度是规范财务人员工作的综合性管理制度，出纳人员应全面学习和熟练掌握货币资金管理、往来结算管理、固定资产管理、销售收入管理等内容。例如，若单位的货币资金管理制度规定，报销金额在 3 000 元及以上的需要总经理签字审批，那么，出纳人员在办理相关人员的报销业务时，就应重点关注“3 000 元”这个临界点以及“总经理审批”这个程序。又如，按照单位内部财务管理制度规定，对于现金日记账和银行存款日记账，应每 3 日以书面形式向总经理报告，那么，出纳人员就应该在规定的时间范围内，将现金及银行存款日记账登记完成，然后按时向总经理提交准确、完整的日记账。

(3)财务收支审批报告制度。一般而言，单位为了加强财务收支管理，除了建立综合性的财务管理制度，还会专门制定财务收支审批报告制度，以对资金收支的审批权限、办理方法以及业务流程做特别规定。例如，某单位的费用报销项目较多，为了优化过程控制，该单位财务收支审批报告制度规定，各业务人员将需要报销的费用统一在部门处汇总，由部门经理审批后统一在出纳人员处报销。此时，出纳人员就应该严格按照制度规定，只对部门经理的汇总票据进行报销，而对于业务人员个人的报销不予受理。

（二）安全意识

出纳人员管理单位的重要财产，而财务信息是单位的重要机密，因此，出纳人员作为单位资金收付和保管的重要责任人，应具备足够的安全意识，需要做好以下 3 点：

1. 严守公司数据秘密

出纳人员因为工作内容的原因，能够详细了解本单位的资金信息，如果将这些信息透露给他人，小则自己工作不保，大则可能会造成公司破产。所以，出纳人员应该做好保密工作，严守公司的数据秘密，谨记“谁问都不说”的原则，即除了业务接口的财务人员（如接口会计）、直接上级、本单位最高领导和主管财务工作的领导，以及按规定有权了解相关信息的人员，任何人询问本单位的资金秘密时都不能透露。

2. 保障资金安全

出纳人员最重要的工作就是保证资金的安全。出纳人员对于资金的管理应做好 3 项保证，即保证点清、保证存放、保证带好。保证点清是指出纳人员交出或者收到款项时，应仔细清点，保证清点的数目准确无误；保证存放是指出纳人员应当养成随时锁存的习惯，即将收到的款项及时存入保险柜或银行，临时离开办公座位时，要谨记随手上锁、存好未归档文件；保证带好是指出纳人员在携带大额现金、支票等往返于银行和工作单位之间时，应防范可能出现的危险，即外出取送款之前，要将现金装入结实、不透明、便携的大包中，尽量保证现金不外露，并始终保证现金等贵重物品不离开自己的视线，尽量放在自己的身前。

3. 做好自我保护

出纳人员肩负保管单位钱财的重任，需对单位现金、财物的安全负责，同时也要特别注意自身的安全问题。

（1）保证生命安全。由于岗位的特殊性，出纳人员常常会携带大量现金，因此，他们很可能会成为不法分子的作案目标。虽然这种情况出现的概率较小，但应该做好充分的心理准备，对可能出现的情况加以考虑。当遇到威胁自身生命安全的事件时，出纳人员应该首先保证自己的生命安全，不要一味地与不法分子搏斗，应当在保障自身安全的情况下，再想办法减少单位的财物损失。

（2）保证办公环境安全。出纳岗位一般隶属于财务部门或会计部门，出纳人员的办公室可以是独立的，也可以是与其他会计人员共用的。出纳人员随时都会处理单位的资金或重要文件，所以，出纳人员的办公区域是一个比较特殊的地方，若要保证出纳人员办公环境的安全，则需要注意以下 4 点：①同事前来办理业务，出纳人员要在其完成后及时引导或提醒其离开；②尽量不要在自己的办公桌附近为外单位人员办理业务，可以选择将对方安排在接待室或会议室等公共区域办理相关业务；③不要与非办理业务的同事在办公区域有过多交谈；④已离职的同事应视同外单位人员，不要因为寒暄而忽略了彼此身份的变化。

(3)保证外出取送款安全。出纳人员外出取送款时，具有较大的风险。在取送款途中，若要确保自身和资金的安全，则需要注意以下4点：①在取送款前，要事先安排好路线；在出发前、行走途中以及抵达前，要留意周边是否有对自己异常关注的人员。②在银行办理取款业务时，要留意周围是否有异常人员，应将所取款项安全放置好后再离开。离开前，应在银行内仔细观望，确认没有可疑人员停留后再出发。③到银行取送大额现金时，可以向公司申请使用专车，并由一名同事陪同。必要时，可以向所在地公安部门或者安保机构提出护送请求。④如果遭遇抢劫，不要慌乱，应懂得随机应变，可向周围人员发出求救信号，尽量记住劫匪的体貌特征、车辆特征以及所在位置等信息，尽快报警求救。

(三)凭据意识

虽然出纳人员掌管单位的资金，但也不能随意支配、使用。出纳人员应该明确自身的职责，不要因为资金在自己手中就擅作主张动用，而是要严格遵守规章制度，履行收支审批程序，始终保持凭据意识。无论办理哪种资金收付或资金变动业务，出纳人员都要按照财务制度和收付审批程序的书面凭据来执行。

虽然出纳人员要严格按照凭证办理相关业务，但这并不表示出纳人员只是办理资金收付业务的“机器”，只按照凭证的内容收款或付款。出纳人员应具有凭据审核的意识，即在办理支出或收入业务时，需要根据凭证内容，审核、确认支出或收入项目是否符合财务制度和收入审批程序的规定，这样才能有效避免差错的产生，并不断提高自身的执业能力。具体来说，出纳人员在办理支出或收入业务时，可以针对凭证内容多提疑问，这将有助于审核相关收支是否合理。

(四)数据准确意识

财务工作是一项非常严谨的工作，财务数据是否准确会直接影响相关资产数据是否可信，是否可以提供给信息使用者使用，也关系到财务人员工作的质量与效率。所以，确保财务数据准确是出纳人员应具备的基本职业素养。同时，出纳工作难免会出现错误，因此，出纳人员需要随时提醒自己具有数据准确意识，在填写每个数据、登记每笔业务、计算每项数据时，都应放慢速度，确保每个数据的准确性，还要养成复查的习惯，避免产生很多不必要的错误。此外，还可以从日常接触的数据开始，有意识地记忆、默念每个数据，有意识地培养自己对数据的敏感性，提升自己发现数据错误的能力。

二、较强的沟通能力

由于工作的特殊性，出纳人员经常要与上级、同事及其他部门的人员接触。出纳人员应该摆正心态，明确自己的工作性质和内容，培养自己的沟通和协调能力，使自己能够积极地与上级、同事交流，培养较强的协调用款冲突的意识。

（一）与上级的沟通

出纳人员掌管单位的资金，随时会与上级进行交流，交流的内容主要与单位的资金问题有关。出纳人员在与上级沟通时，要主动多向上级提供有用的信息。以回答上级“账上还有多少资金”这个问题为例，出纳人员在回答时不能简单应付，只回答一个数据，而是要衡量单位的整体资金状况，考虑单位可能归还的贷款、已经发生但还未支付的费用，用简明扼要的语言从两个方面进行回答：第一是账面实际余额，即现金实有额与银行存款实有额的合计数；第二是实际可支配余额，即减去已经知道或预计会支付某些款项后单位实际可动用的金额。

（二）与同事的沟通

除了要常常与上级沟通，出纳人员还要负责单位现金的收付，在此过程中时常会与很多同事打交道。由于出纳人员要坚守各项原则，在为同事办理预支、报销、转账等业务时，往往需要“铁面无私”，不合规的付款凭证坚决退回，不合理的要求坚决拒绝。而同事不了解单位的财务制度，很可能会认为出纳人员是在刁难自己，因而与出纳人员产生矛盾。因此，出纳人员需要具备较强的沟通能力，并以耐心、亲和的态度与同事进行沟通，让同事了解公司的制度规定或程序安排，一方面使其理解自己的做法，另一方面减少因办理顺序而引起的误会，让同事明白自己对谁都一视同仁。

（三）用款冲突的协调

很多人认为，出纳工作就是办理各种收付手续，只要照章办事就可以确保万无一失，但事实并非如此。在实际工作中，出纳人员往往会遇到来自不同部门、不同人员的付款需求，这些需求汇聚到出纳人员处，就可能引起冲突。所以，要成为一名优秀的出纳人员，不但要善于处理数据、账目关系，还要培养较强的协调用款冲突的意识，按轻重缓急的顺序安排资金的收付。而要分清轻重缓急，出纳人员需要主动与各部门相关人员进行沟通、协调，了解用款的具体情况，适时地向上级请示处理资金需求的决策重点，合理组织各项工作，从而减少矛盾冲突。

此外，当遇到付款金额较大的情况时，出纳人员应当结合单位当前的资金状况，做出合理的付款安排，并及时、主动与相关人员进行沟通和协调。如果发现付款过程违反了财务制度和审批程序，出纳人员应该立即停止有关收付行为，及时向上级报告，并向相关人员解释清楚，既要避免发生误会，又要维护单位的资金安全。

三、良好的职业道德

（一）爱岗敬业

爱岗敬业是指忠于职守的职业精神，这是出纳职业道德的基础。爱岗是指出纳人员应该热爱自己的本职工作，安于本职岗位，恪尽职守。敬业是指出纳人员应该充分认识到本职工作在社会经济活动中的地位和作用，意识到本职工作的社会意义和道德价值，具有出纳职业的荣誉感和自豪感，在职业活动中能够保持高度的劳动热情和创造性，以强烈的事业心、责任感从事出纳工作。如果出纳人员对所从事的职业缺乏正确的认识，认为出纳不过是简单琐碎的工作，就必然会不自觉地把这些意识反映到工作行动之中，表现出“懒”“惰”“拖”等不良行为，给出纳职业及其声誉造成不良影响。

（二）诚实守信

诚实是指言行思想一致，不弄虚作假，不欺上瞒下，做老实人，说老实话，办老实事。出纳人员应言行一致、实事求是，不为个人和小集团利益弄虚作假，损害国家和社会公众的利益。

守信就是要遵守自己所做出的承诺，讲信用、重信誉、守诺言、保秘密。出纳人员因其职业特点，经常会接触到客户、单位甚至国家的一些秘密，如单位的财务状况、经营情况、成本资料及重要单据和经济合同等。在市场经济中，这些秘密可以带来经济利益，而出纳人员应树立保密观念，做到保守商业秘密，对机密资料不外传、不外泄。

出纳人员要做到保密守信，就要注意不在工作岗位之外的场所谈论、评价本单位的经营状况和财务数据。此外，在日常生活中，出纳人员也应保持必要的警惕，防止无意泄密。俗话说“说者无意，听者有心”，人们在日常交流中经常会对熟知的事情脱口而出，却没有想到后果。为了防止这种情况的发生，出纳人员要了解自己所知的信息中，哪些是商业秘密，哪些是无关紧要的事项，从而防止无意泄密。

(三)廉洁自律

廉洁就是不贪污钱财,不收受贿赂,保持清白。自律是指自律主体按照一定的标准,自己约束自己、自己控制自己言行和思想的过程。廉洁自律是会计职业道德的前提,也是会计职业道德的内在要求。

在出纳职业道德要求中,“廉洁”要求出纳人员公私分明、不贪不占、遵纪守法,不贪污挪用,不监守自盗。保持廉洁主要靠出纳人员的觉悟、良知和道德水准,而不是受制于外在的力量。“自律”是指出纳人员将一定的具体标准作为其具体言行的参照物,进行自我约束、自我控制,最终达到至善至美的过程。出纳人员只有先做到自身廉洁,严格约束自己,才能要求他人廉洁,才能理直气壮地阻止或防止他人侵占集体利益,保证各项经济活动正常进行。因此,作为整天与钱财打交道的出纳人员,必须做到“两袖清风,不取不义之财,面对金钱不眼红”。

出纳人员应树立科学的人生观和价值观,自觉抵制享乐主义、个人主义、拜金主义等错误思想,这是出纳人员在出纳工作中做到廉洁自律的思想基础。同时,出纳人员应做到遵纪守法、一身正气,增强抵制行业不正之风的能力,这也是出纳人员廉洁自律的一个基本要求。

(四)客观公正

客观是指按事物的本来面目来反映事实,不掺杂个人的主观意愿,也不为他人意见所左右。公正是指平等、公平、正直,没有偏失。客观公正是出纳职业道德所追求的理想目标。

出纳人员在进行合理的职业判断时,会涉及多方的利益,在处理这些复杂的利益关系时,绝不能采取折中的态度和方法,应始终站在第三者的独立立场上,不偏不倚地对待有关利益各方,不以牺牲一方利益为条件而使另一方受益,超然、独立地进行客观公正的评价。只有这样,才能保证国家、社会、单位和个人的利益不受侵犯。

(五)坚持准则

坚持准则是指出纳人员在办理业务过程中,要严格按照相关法律法规和规章制度办事,不为主观或他人意志所左右。坚持准则要求出纳人员熟悉与会计、出纳工作相关的法律制度,并按照相关法律法规和规章制度的要求完成自己的工作。在遇到道德冲突时,要以维护国家和社会公众的利益为原则,对发生的事件做出“是”与“非”的判断。

此外,坚持准则还要求出纳人员应依法行使监督职能。应对法律负责,对国家和社会公众负责,敢于同违反会计法律法规和财务制度的行为做斗争,不做“老好人”,不怕受到单位负责人和其他方面的阻挠、刁难甚至打击报复。

案例分析

泄露单位商业机密的后果

蒋某是某电子器械零件制造单位的一名出纳人员，其好友李某在一家电子器械单位任总经理。由于李某和蒋某的所在单位分别处于同一行业供应链的上下游，因此，蒋某单位的研发、生产信息对于李某单位来说十分重要。近期，李某的单位陷入经营危机，濒临倒闭，为了加以挽救，李某请求蒋某利用工作之便帮自己窃取蒋某单位的相关资料。面对好友的请求，蒋某陷入强烈的内心冲突，一方面是自己的道德感和法律意识，另一方面是面临失业的好友，最终蒋某选择倒向个人情感的一边。因此，蒋某抱着侥幸心理偷偷复印了公司新产品的研发费用支出计划等相关资料，并将其交给好友。李某拿到资料后，从中得知了蒋某单位的商业机密，并采取了一定的对策，很快就帮助单位扭转了颓势。蒋某的单位觉察到此事，经彻查后将蒋某告上法庭，蒋某只好接受法律的制裁。

案例分析：蒋某将单位的内部资料复印给好友，属于泄露商业机密的行为，违反了诚实守信的职业道德。同时，蒋某在处理私人情感与岗位职责的冲突时，为自己的主观意志所左右，没有按照相关法律法规办事，牺牲了单位的利益，违反了坚持准则的职业道德。很多触犯法律的出纳人员其实并不是出于“贪心”，而是被个人情感所拖累。一个合格的出纳人员，应将自己的职业道德放在第一位，不能将私人情感、事务带到工作中，同时还要严格遵循“公私分离”的原则。

（六）提高职业技能

职业技能也称为职业能力，是人们进行职业活动、承担职业责任的能力和手段。就出纳职业而言，职业技能包括理论水平、实务操作能力、职业判断能力、自动更新知识能力、沟通交流能力以及职业经验等。提高职业技能是指出纳人员通过学习、培训和实践等途径，持续提高出纳职业技能，以达到具备足够的专业胜任能力的目的。

出纳人员是出纳工作的主体，出纳工作质量的好坏会受到出纳人员职业技能水平的影响。可以说，出纳人员的职业技能水平是出纳人员职业道德水平的保证，也是出纳人员在职业活动中做到客观公正、坚持准则的基础。因此，出纳人员必须具有不断提高会计专业技能的意识和想法，以及勤学苦练的精神和科学的学习方法，从而不断提高自身的职业技能。

（七）参与管理

参与管理是指出纳人员间接参加管理活动，为管理者当参谋，为管理活动做好服务。出纳人员在做好自己本职工作的同时，还要积极主动地向单位领导反映本单位的资金状况及存在的问题，主动提出合理化建议，为领导的经营管理和决策活动当好助手与参谋。

参与管理要求出纳人员努力钻研业务，熟悉财经法规和相关制度，提高自身业务技能，为参与管理打下坚实的基础。同时，出纳人员还要熟悉单位的经营活动和业务流程，使管理活动更具针对性和有效性。

（八）强化服务

强化服务要求出纳人员具有文明的服务态度、强烈的服务意识和优良的服务质量。社会中的各种行业都处于服务他人和接受他人服务的地位，出纳工作也如此。由于其工作涉及面广，通常需要服务对象和其他部门的协作与配合，而出纳工作的政策性又导致出纳人员在工作交流和处理业务过程中，很容易同其他部门及服务对象发生利益冲突或意见分歧，此时，出纳人员的服务态度就直接关系到工作能否顺利开展和工作成效的高低。所以，出纳人员在服务过程中不仅要有热情、耐心、诚恳的工作态度，还要做到待人平等礼貌，遇到问题时要以商量的口吻与人交流，充分尊重服务对象和其他部门的意见。出纳人员要做到大事讲原则，小事讲风格，沟通讲策略，用语讲准确，建议看场合。

四、较强的政策水平

出纳人员要做好出纳工作，必须了解、熟悉和掌握国家有关会计、财税、金融法规和各项会计制度。出纳人员每天处理大量的现金、票据并进行收付结算，哪些结算方式不宜采用、哪些票据不能报销、哪笔金额不能支付等，都必须以相关的法规、制度为依据。因此，出纳工作是一项政策性很强的管理工作。作为一名出纳人员，要做好出纳工作，就必须加强学习，了解、熟悉和掌握现行的政策法规和各种会计制度，不断提高自己的政策水平，遵守财务制度，严格财经纪律，为企业把关守口。

五、熟练的专业技能

出纳工作是一项思想性、政策性与技术性并重的工作。出纳人员还必须有熟练的专业技能，如打算盘、点钞票、签发票据、办理结算、报销费用、操作计算机等。出纳人员每天要涉及大量的费用报销、票据签发和现金收付等事项，这就需要出纳人员具有较强的业务处理能力、较快的计算速度和较高的准确性。为此，出纳人员要增强提高专业技能的自觉性和紧迫感，主动求知、求学，坚持不懈地学习会计知识，提高专业技能，提高业务水平。只有这样，才能适应出纳岗位的工作。

六、出纳在会计工作中的角色

（一）总账会计、明细账会计和出纳各有分工

总账会计负责企业经济业务的总括核算，为企业经济管理和经营决策提供总括的、全面的核算资料；明细账会计分管企业的明细账，为企业经济管理和经营决策提供明细分类核算资料；出纳则分管企业票据、货币资金及有价证券等的收付、保管、核算工作，为企业经济管理和经营决策提供各种金融信息。从总体上讲，必须实行钱账分管，出纳人员不得兼管稽核工作和会计档案保管工作，不得负责收入、费用、债权债务等账目的登记工作。总账会计和明细账会计则不得管钱管物。

（二）总账会计、明细账会计与出纳之间既互相依赖又互相牵制

总账会计、明细账会计与出纳核算的依据是相同的，都是会计凭证。这些作为记账凭据的会计凭证必须在出纳、明细账会计、总账会计之间按照一定的顺序传递。三者相互利用对方的核算资料，共同完成会计任务，不可或缺。同时，他们之间又互相牵制与控制。出纳的现金和银行存款日记账与总账会计的现金和银行存款总分类账、总分类账与其所属的明细分类账、明细账中的有价证券账与出纳账中相应的有价证券账，有金额上的等量关系。这样，总账会计、明细账会计与出纳三者之间就构成了相互牵制与控制的关系，三者之间必须相互核对，保持一致。

（三）出纳与明细账会计的区别只是相对的

出纳核算也是一种特殊的明细核算，它要求分别按照现金和银行存款设置日记账，银行存款还要按照存入的不同户头分别设置日记账，逐笔、序时地进行明细核算。“库存现金日记账”要每天结出余额，并与库存数进行核对；“银行存款日记账”也要在月内多次结出余额，与开户银行进行核对。月末都必须按规定进行结账。月内还要多次出具报告单，报告核算结果，并与现金和银行存款总分类账进行核对。

（四）出纳工作是一种账实兼管的工作

出纳工作主要是现金、银行存款和各种有价证券的收支与结存核算，以及现金、有价证券的保管和银行存款账户的管理工作。现金和有价证券放在出纳的保险柜中保管；银行存款由出纳办理收支结算手续。出纳工作既要进行出纳账务处理，又要进行现金、有价证券等实物的管理和银行存款收付业务，在这点上与其他财会工作有着显著的区别。除了出纳，其他财会人员管账不管钱、管账不管物。对出纳工作的这种

分工，并不违背财务“钱账分管”的原则，由于出纳账是一种特殊的明细账，总账会计还要设置“现金”“银行存款”“长期股权投资”等相应的总分类账对出纳保管和核算的现金、银行存款、有价证券等进行总金额的控制。其中，有价证券还应有出纳核算以外的其他形式的明细分类核算。

（五）出纳工作直接参与经济活动过程

货物的购销必须经过两个过程——货物移交和货款结算。其中，货款结算，即货物价款的收入与支付就必须通过出纳工作来完成；往来款项的收付、各种有价证券的经营及其他金融业务的办理，更离不开出纳人员的参与。这也是出纳工作的一个显著特点，其他财务工作一般不直接参与经济活动过程，而只对其进行反映和监督。

【任务实施】

如果作为出纳人员的你正在为业务人员张某办理费用报销业务，却突然接到一个陌生电话，自称是采购部主管，询问单位账上有多少资金，又要求你马上向一个陌生账号支付货款 10 万元，并强调如果耽误了将会影响采购业务的正常开展，你应该如何处理？

处理方式：

处理方式分析：

任务三　出纳与会计的关系

【任务引入】

林某毕业后成功应聘为某企业的出纳人员，他在工作中时常需要与会计人员沟通合作。为了能够更好地完成协作，林某需要了解哪些知识？

【知识准备】

出纳与会计的关系(1)

一、会计与出纳的关系

(一)会计与出纳的性质

会计是以货币作为主要计量单位,以提高经济效益为目标,用专门方法对经济活动进行连续、系统、全面、综合的核算与监督,以此为基础进行分析、预测和控制,是社会经济生活中重要的一环,是经济管理活动的重要组成部分。出纳是管理货币资金、有价证券进出的工作。根据从属关系可以看出,出纳工作是会计工作中占有重要地位的一部分。

(二)会计与出纳的区别

根据分管账目的不同,会计可以分为以下三种:出纳、明细账会计和总账会计。三者各自有各自的分工。出纳管钱,主要负责现金收付、现金日记账和银行存款日记账登记,在实际中,一般就是去银行取钱或存钱给公司员工报销费用,负责向税务局报税。会计管账、记账和做报表,并且用账来监督出纳会计工作岗位,一般包括财产物资核算、工资核算、成本费用核算、财务成果核算、资金核算、往来结算、编制总账报表、档案管理等。从大原则上讲,必须实行钱账分管,明细账会计和总账会计负责核算资料,除了出纳,其他财会人员是管账不管钱、管账不管物。

(三)会计与出纳的联系

不管从事哪种会计工作,会计核算的依据都是统一的。会计原始凭证和会计记账凭证在出纳、明细账会计与总账会计之间按照顺序传递,根据这些资料,共同完成会计任务。当经济业务发生、需要支收现金时,由总账会计填写出示支收凭证,经过复核之后交由出纳,没有凭证,出纳无权支收款项。其中,出纳的现金和银行存款日记账、总账会计的现金和银行存款总分类账及其所属的明细分类账,以及明细账中的有价证券账、出纳账中相应的有价证券账,这些账目是两两对应等量金额的关系。这样会计与出纳是相互牵制和控制的,在任何一项核对资料中,必须保持一致。

二、出纳在会计环节的作用

(一)出纳在会计工作规范中是实施者

出纳人员承担着票据管理、资金收付、银行存款日记账和现金日记账登记等工作。会计工作规范化所要求的是,建立优良的会计工作秩序,健全会计管理制度,使算账、报账、记账能够符合会计制度的要求,实现会计工作的制度化、科学化、规范化,不断提升会计工作水平,发挥会计工作在经济管理中的作用。原始凭证分为自制原始凭证和外来原始凭证,其中,外来原始凭证都是通过出纳人员之手。会计规范性应该从原始凭证开始抓起,检查发票合法性,发票出具人是否具有发票合法使用权,有无涂改、转借等,持票人是不是与业务内容有关。每一个数据、每一张发票、每一项内容,出纳人员都应该熟知,即使是通过会计审核过的凭证,也要进行复核,然后再收付。所以,会计工作规范化要求出纳人员担负非常重要的责任,办理银行结算,控制签发空白支票,规范使用支票。如有因特殊情况需要签发但不填写金额的转账支票时,则必须要在支票上写明款项用途、收款单位名称、规定限额、签发日期,并由所领用支票人在登记簿上进行签章。出纳人员应该从本职做起,把好法规、法律、政策关,把好整洁、书写规范关,为实现会计工作规范化而进行努力。

(二)出纳在会计工作纪律中是执行者

收款与付款是出纳基本的职能,出纳工作的举动都是在执行着会计纪律与财经纪律。单位的经营活动要有金融业务及各种证券往来业务的办理,要有货物价款的收付,而这些业务往来的票据、现金和金融证券及银行存款收付的办理,都需要经过出纳人员来操作实现。出纳工作具有贯穿会计工作的起始与终结的特点,因此,出纳人员也称为财务工作秩序的执行者。虽然出纳工作具有贯穿会计管理中基础工作的特点,但也是一项既烦琐又细致且原则性、政策性、时间性、经常性和技术性很强的工作。严格会计核算、整治会计工作秩序、强化会计监督,对于改善和加强宏观调控、创造出更好的经济环境具有重要意义。

(三)做好出纳工作是做好会计工作的重要保证

出纳在会计工作中的地位是特殊的、不可缺少的,与专管账务的会计人员形成分工协作,相互配合、相互制约,共同搞好会计工作的有机整体。任何单位和经济组织中,出纳必须是一个独立的岗位,领导不得兼任,会计不得替代。《会计基础工作规范》对出纳岗位、职责也有限制性规定,如单位领导人的直系亲属不得担任本单位的会计机构负责人、会计主管人员。会计机构负责人、会计主管人员的直系亲属不得在本单位会计机构中担任出纳工作。会计工作岗位可以一人一岗、一人多岗或者一岗多人。但出纳人员不得兼管稽核工作、会计档案保管工作,以及收入、费用、债权债务账目的登记工作。因此,在会计机构中分设出纳岗位具有制度上的合法性、工作上的适应性、行为上的规范性、管理上的科学性等特点。

会计工作规范化要求健全内部各项会计管理制度，建立良好的会计工作秩序，使记账、算账、报账工作符合国家统一会计制度的要求，逐步实现会计基础工作规范化、制度化、科学化，不断提高会计工作水平，进一步发挥会计在经济管理中的作用，使会计信息成为广大决策者、债权人、企业管理者及政府部门进行决策的依据。但会计造假、会计信息失真现象越来越严重，极大地干扰了正常的社会经济秩序，损害了国家和社会公众利益。出纳人员担负着资金收付、票据管理、现金日记账和银行存款日记账登记等工作。出纳人员对于整顿账目混乱、会计信息失真、乱摊成本、小金库等问题，从而创造良好的经济环境和经济秩序将起到积极作用。原始凭证是经济业务发生或完成时取得或填制的用来证明经济业务发生或完成情况的书面证明，在经济活动中非法取得或填制、伪造或变造原始凭证以骗取收入，会计人员依据不真实的原始凭证进行核算，必然导致一系列的会计信息失真，因此，规范会计秩序应从原始凭证这一源头抓起。正因为出纳工作如此重要，肩负的任务如此艰巨，做好出纳工作就显得尤为重要。

案例分析

出纳工作不得弄虚作假

黑龙江某林场财务室新招进一名年轻职员担任出纳员的工作。一个月末，当主管会计将所有的账目结清以后，与出纳员的现金日记账进行核对，发现出纳员的现金日记账比现金总分类账少了 300 元，但是，出纳员的现金日记账与库存实有现金一致。主管会计首先对原始凭证、记账凭证以及账簿记录进行了仔细的核对，发现自己的记录准确无误。随后检查出纳员的现金日记账，将现金日记账的记录与现金收付款凭证逐一进行核对，发现出纳员将一笔零星销售收入 300 元现金漏记现金日记账，主管会计立即责问该出纳员，账簿少记收入 300 元，库存应该多出 300 元现金，为什么库存现金的实有数与现金日记账余额一致，而没有多出来呢？这位年轻的出纳员当即泪流满面地说，他把多出来的现金拿回家了。事后组织上给这位年轻的出纳员记过处分，并撤销其出纳员职务。

三、出纳人员的权限

出纳与会计的关系(2)

根据《会计法》《会计基础工作规范》等财会法规，出纳人员具有以下权限：

（1）维护财经纪律，执行财会制度，抵制不合法的收支和弄虚作假行为。《会计法》是我国会计工作的根本大法，是会计人员必须遵循的重要法律。《会计法》第三章第十六条、第十七条、第十八条、第十九条中对会计人员如何维护财经纪律提出具体规定。这些规定为出纳人员实行会计监督、维护财经纪律提供了法律保障。出纳人员应认真学习、领会、贯彻这些法规，充分发挥出纳工作的“关卡”“前哨”作用，为维护财经纪律、抵制不正之风做出贡献。

（2）参与货币资金计划定额管理的权力。现金管理制度和银行结算制度是出纳人员开展工作必须遵照执行的法规。这些法规实际上是赋予了出纳人员对货币资金管理的职权。例如为加强现金管理，要求各单位的库存现金必须限制在一定的范围内，多余的要按规定送存银行，这便为银行部门利用社会资金进行有计划放款提供了资金基础。因此，出纳工作不是简单的货币资金收收付付，不是无足轻重的点点钞票，其工作的意义只有与许多方面的工作联系起来才能体会到。

（3）管好用好货币资金的权力。出纳工作每天与货币资金打交道，单位的一切货币资金往来都与出纳工作紧密相关，货币资金的来龙去脉、周转速度的快慢，出纳人员都清清楚楚。因此，提出合理安排利用资金的意见和建议，及时提供货币资金使用与周转信息，也是出纳人员义不容辞的责任。出纳人员应抛弃被动工作观念，树立主动参与意识，把出纳工作放到整个会计工作、经济管理工作的大范围中，这样既能增强出纳自身的职业光荣感，又为出纳工作开辟了新的视野。

四、协调会计与出纳工作的对策

（1）作为一名合格的会计和出纳人员，要做到对政策法规和公司制度了如指掌，专注于自身业务水平的提高，在推行无纸化办公的时代，注重计算机操作的培训、互联网办公新环境的适应。以会计和出纳的专业知识和职业守则为基准，在处理实际事务时更需要有很强的操作技巧，这要求从业人员既要有财务会计专业的基本知识，还要有较强的安全责任意识，涉及的各类账目、票据、凭证，既要分工保管，又要相互牵制，岗位划分精细，职责落实到人，这样有利于平级岗位之间的各负其责、互相监督。

（2）出纳是一个独立的、重要的工作岗位，不能用会计替代，不能由领导兼任，并且依照工作规范，领导人员的亲属也不可以担任出纳工作。在工作中，领导和负责人要建立起出纳人员的工作条件和约束机制，明确责任义务；出纳人员也要加强学习，提高业务水平，具有从事财务管理工作的职业操守和道德准则。针对出纳工作在会计循环中的重要地位，出纳人员在做好资金管理工作的同时，还应该发挥更广泛的作用，认真审核所有的经手单据、认真处理经济业务等。

(3)建立健全各项会计制度，领导和负责人应建立良好的工作秩序，实现账目工作的统一化、标准化管理，对会计岗位、出纳岗位的人员进行定期培训，及时了解新政策、熟悉新制度，在学习和实践中不断提高会计人员的工作水平，科学下放岗位职权，合理安排岗位工作内容，使每一个参与出纳和会计工作的人员之间能够相互牵制、相互监督。

【任务实施】

下午 6 点，出纳员林某匆忙锁上抽屉准备下班，办公桌上随意丢放着票据和印章……第二天上班，当需要开具现金支票提取现金时，林某焦头烂额地寻找印章。最后，张会计帮助林某找到了印章。林某在工作中哪些地方做得不对？之后应该怎么处理？

不足之处：   处理方式：

项目二
掌握出纳技能

学习目标

知识目标

1. 掌握手持式四指拨动点钞法和手按式单指单张点钞法。
2. 掌握清点硬币方法。
3. 掌握人民币面值 100 元和 50 元的防伪特征。
4. 掌握出纳的保管技能。
5. 认识和理解原始凭证的含义和种类。
6. 熟练掌握原始凭证的填制和审核。

能力目标

1. 能够正确规范书写小写数字金额和大写数字金额。
2. 能够正确熟练运用手持式点钞法清点纸币。
3. 能够正确熟练清点硬币。
4. 能够正确识别人民币面值 100 元和 50 元的真伪性。
5. 能够正确完成出纳的保管工作。
6. 能够正确填制和审核出纳原始凭证。

素质目标

1. 具备出纳工作人员的基本技能。
2. 养成良好的出纳工作习惯。

任务一　书写数码字

【任务引入】

掌握出纳技能(1)

林某是某公司新近招聘的出纳员，在某日的工作中填写了几张原始凭证，其中金额部分他是这样写的：小写金额为 3 200 元，大写金额为“人民币：叁仟贰佰元整”；小写金额为 4 200.96 元，大写金额为“人民币肆仟两百零玖角陆分”。请指出林某在数码字书写中的错误。

【知识准备】

一、小写金额书写技能训练

（一）小写金额书写流程

小写金额书写流程具体见图 2—1。

图 2—1　小写金额书写流程

（二）小写金额数字规范形态

书写阿拉伯数字 1、2、3、4、5、6、7、8、9、0。

阿拉伯数字的书写技能训练过程具体见图 2—2。

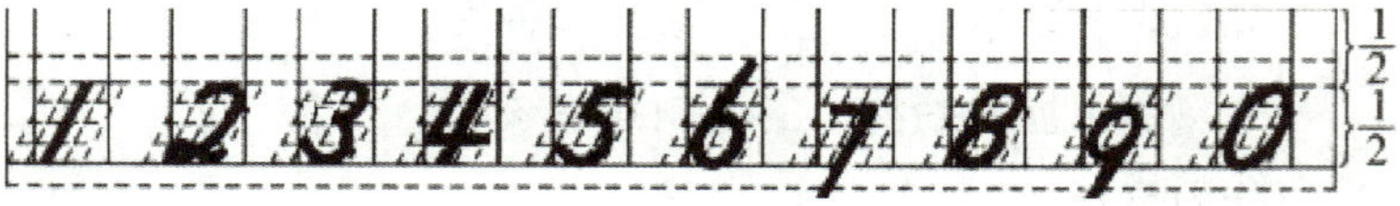

图 2—2　阿拉伯数字的书写

（三）小写金额数字书写要求

小写金额数字的书写要求具体如下：

(1)每个数字要大小均匀，笔画流畅；每个数码独立有形，使人一目了然，不能连笔书写。

(2)书写排列有序，且字体要自右上方向左下方倾斜地写(数字与底线通常呈 60 度倾斜)。

(3)书写的每个数字要贴紧底线，但上不可顶格。一般每个格内数字占 1/2 或 2/3 的位置，要为更正数字留有余地。

(4)会计数码书写时,应从左至右,笔画顺序是自上而下、先左后右,防止写倒笔字。

(5)同行的相邻数字之间要空出半个阿拉伯数字的位置,但也不可预留间隔(以不能增加数字为好)。

(6)除"4""5"以外,数字必须一笔写成,不能人为地增加数字的笔画。

(7)"6"字要比一般数字向右上方长出 1/4,"7"和"9"字要向左下方(过底线)长出 1/4。

(8)对于易混淆且笔顺相近的数字,在书写时,尽可能地按标准字体书写,区分笔顺,避免混同,以防涂改。例如,"1"不可以写得过短,要保持倾斜度,将格子占满,这样可防止改写成"4""6""7""9";书写"6"时要顶满格子,下圆要明显,以防止改写成"8";"7""9"两字的落笔可延伸到底线下面;"6""8""9""0"的圆必须封口。

(四)小写金额的书写标准

书写下列经济业务的小写金额:

0.06 元;0.80 元;5.00 元;17.08 元;630.06 元;4 020.70 元。

小写金额书写练习具体见表 2—1。

表 2—1　　　　　　　　小写金额书写练习

会计凭证账表上的小写金额栏									
没有数位分割线	有数位分割线								
	百	十	万	千	百	十	元	角	分
¥0.06								¥	6
¥0.80							¥	8	0
¥5.00						¥	5	0	0
¥17.08					¥	1	7	0	8
¥630.06				¥	6	3	0	0	6
¥4 020.70			¥	4	0	2	0	7	0

(1)阿拉伯数字小写金额前面,应填写币种符号,如人民币符号"¥"等。阿拉伯数字小写金额要认真填写,不得连写造成分辨不清。在小写金额前面的币种符号与金额数字之间不得留有空白,凡阿拉伯数字前写有币种符号的,后面不再写货币单位如"元""美元"等字。

(2)如果凭证、账簿上预先印有数位分割线,小写金额要对准元、角、分位置书写;只有角、分位金额的,在元位上不写"0"字;只有分位金额的,在元和角位上均不写"0"字。有角无分的,在分位上写"0"字;角、分位均没有金额的，在角和分位上分别写一个“0”字。

(3)如果凭证、账簿上预先没有印刷数位分割线的，小写金额，元以上每三位空 1/4 格隔开，也可以三位一节用“分位号”分开，元和角之间要点上小数点。

(4)除表示单价等情况外，小写金额一律要写到角、分。有角无分的，在分位上写“0”字，如 7.80 元，不能写成“7.8”或“7.8—”；无角分的，仍在元以后点上小数点，并在后写“00”字，或在字体中间画“—”，如“8.00 元”或“8.—元”都是正确写法，但不能写成“8 元”。

二、大写金额书写技能训练

(一)大写金额书写流程

大写金额书写流程具体见图 2—3。

图 2—3　大写金额书写流程

(二)大写金额数字规范形态

书写 1、2、3、4、5、6、7、8、9、10 汉字大写数字。

汉字大写数字的书写技能训练过程具体见图 2—4。

数字	1	2	3	4	5	6	7	8	9	10
中文小写	一	二	三	四	五	六	七	八	九	十
中文大写	壹	贰	叁	肆	伍	陆	柒	捌	玖	拾
单位小写	百		千		万		亿		元	
单位大写	佰		仟		万		亿		圆	

图 2—4　汉字大写数字的书写

(三)大写金额数字书写要求

大写金额数字的书写要求具体如下：

(1)汉字大写数字应用正楷或行书填写，不得写草体或其他字体，要做到规范、流畅、清晰，字体要各自成形，不得连笔。

(2)汉字大写金额数字如壹、贰、叁、肆、伍、陆、柒、捌、玖、拾、佰、仟、万、亿、元、角、分、零、整等字样，不得用一、二(两)、三、四、五、六、七、八、九、十、毛等填写。

(3)同一行的相邻汉字大写数字之间要空出半个汉字大写数字的位置。

(四)大写金额的书写标准

将下列小写金额在对应空格处书写汉字大写金额，具体见表2—2。

表2—2　　大写金额书写练习1

会计凭证账表上的小写金额栏									原始凭证上的大写金额栏
没有数位分割线	有数位分割线								
	十	万	千	百	十	元	角	分	
￥0.06							￥	6	人民币
￥0.80						￥	8	0	人民币　万 仟 佰 拾 元 角 分
￥5.00					￥	5	0	0	人民币
￥17.08				￥	1	7	0	8	人民币
￥630.06			￥	6	3	0	0	6	人民币　万 仟 佰 拾 元 角 分
￥4 020.70		￥	4	0	2	0	7	0	人民币
￥15 008.06	￥	1	5	0	0	8	0	6	人民币
￥89 000.50	￥	8	9	0	0	0	5	0	人民币　万 仟 佰 拾 元 角 分

上述小写金额对应的汉字大写金额具体见表2—3。

表2—3　　大写金额书写练习2

会计凭证账表上的小写金额栏									原始凭证上的大写金额栏
没有数位分割线	有数位分割线								
	十	万	千	百	十	元	角	分	
￥0.06							￥	6	人民币　陆分
￥0.80						￥	8	0	人民币　⊗万⊗仟⊗佰⊗拾⊗元捌角零分
￥5.00					￥	5	0	0	人民币　伍元整
￥17.08				￥	1	7	0	8	人民币　壹拾柒元零捌分
￥630.06			￥	6	3	0	0	6	人民币　⊗万⊗仟陆佰叁拾零元零角陆分
￥4 020.70		￥	4	0	2	0	7	0	人民币　肆仟零贰拾元柒角整
￥15 008.06	￥	1	5	0	0	8	0	6	人民币　壹万伍仟零捌元零陆分
￥89 000.50	￥	8	9	0	0	0	5	0	人民币　捌万玖仟零佰零拾零元伍角零分

大写金额数字的书写标准具体如下：

(1)大写金额数字前应标明“人民币”字样，大写金额数字前未印

"人民币"字样的，应加填"人民币"字样。

（2）汉字大写金额不允许使用非国务院公布的简化字、谐音字、自造字符等不规范用字。不得用"毛"代替"角"，用"另"代替"零"。

（3）汉字大写金额数字到"元"或"角"的，在"元"或"角"后面应写"整"（或"正"）字；大写金额数字有"分"的，"分"后面不写"整"（或"正"）字。

（4）金额中间有"0"或连续几个"0"，但元位不是"0"，大写金额均只写一个"零"字。元位是"0"，或金额中间连续有几个"0"，且元位也是"0"的，中文大写金额可以只写一个"零"字，也可以不写"零"字。角位是"0"，而分位不是"0"，中文大写金额"元"后面应写"零"字。

（5）在印有大写金额万、仟、佰、拾、元、角、分的凭证上书写大写金额时，应对位填写，在金额中有"0"的，均要写上零字，对于金额数字前有空格位的，可划"⊗"注销。

（6）有些票据的出票日期也必须用中文大写。在填写月、日时，月为壹、贰和壹拾的，日为壹至玖和壹拾、贰拾、叁拾的，应在其前加"零"；日为拾壹至拾玖的，应在其前加"壹"。

【任务实施】

1. 小写数字书写练习，具体见图 2—5。

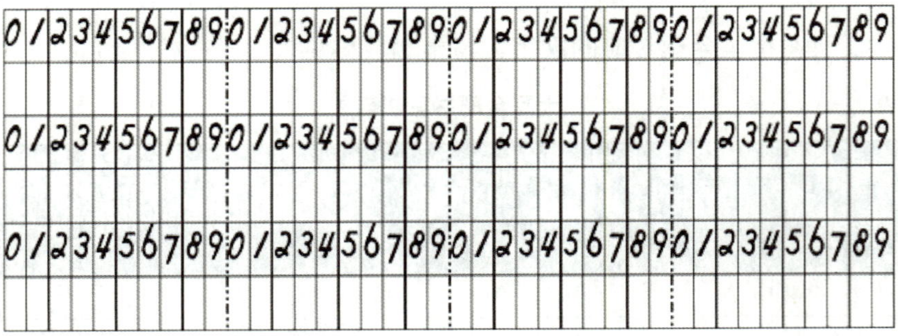

图 2—5　小写数字书写练习

2. 书写下列经济业务的大、小写金额，具体见表 2—4。

69 436.80 元；　98 256.12 元；　3 281 432.56 元；
53 300.85 元；　8 009.46 元；　8 000 200.01 元；
20 005.70 元；　23.40 元；　84 765.98 元；
93 058.04 元；　20 234.76 元；　68 504.54 元。

表 2—4　　　　　　　　　　大、小写金额书写练习

会计凭证账表上的小写金额栏											原始凭证上的大写金额栏
没有数位分割线	有数位分割线										
	千	百	十	万	千	百	十	元	角	分	

任务二　手工点钞

【任务引入】

林某毕业后成功应聘为某企业的出纳人员，企业要求对出纳人员进行点钞技能考核，要求 30 秒内一把点完，在点钞过程中，他应该做到哪些要求？他应该如何练习点钞？

【知识准备】

一、纸币整点技能训练

(一)纸币整点工作流程

纸币整点工作流程具体见图 2—6。

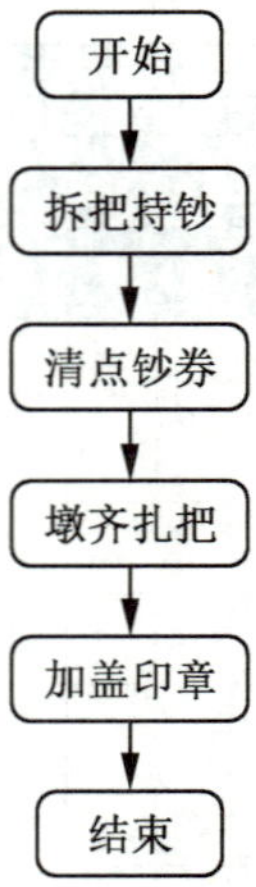

图 2—6　纸币整点工作流程

(二)纸币整点的具体要求

1. 具体要求

(1)平铺整齐,边角无折。同券一起,不能混淆。

(2)券面同向,不能颠倒。验查真伪,去伪存真。

(3)剔除残币,完残分放。百张一把,十把一捆。

(4)扎把捆捆,经办盖章。清点结账,复核入库。

2. 点钞准备与流程

(1)点钞前:正确坐姿,用品到位

坐姿:直腰挺胸,身体自然放松,双肘自然放在桌上。持票的左手腕部接触桌面,右手腕部稍抬起,整点货币要轻松持久,活动自如。

用品:点钞时使用的印泥、图章、腰条、笔等要按照使用的顺序放好,以便点钞时使用顺手。

(2)点钞中:动作连贯,点数准确

点钞过程的各个环节必须密切配合、环环相扣,清点中双手动作要协调,速度均匀,要注意减少不必要的小动作。

整个过程中,一要精神集中,二要定型操作,三要手点、脑记。手、眼、脑紧密配合。

(3)点钞后:钞票墩齐,扎把捆紧,盖章清晰

钞票要墩齐,四条边水平,做到不露头,卷角拉平。扎小把要以提起把中第一张钞票不被抽出为准。腰条上的名章是分清责任的标志,每个人整点后都要盖章,图章要清晰可辨。

(三)手持式点钞法

1. 方法介绍

手持式点钞法是将钞券拿在手上进行清点的点钞方法。一般包括手持式单指单张点钞法、手持式四指拨动点钞法、手持式五指拨动点钞法等。其中，手持式四指拨动点钞法也称四指四张点钞法，或手持式四指扒点法。它适用于收款、付款和整点工作，是一种适用广泛、比较适合柜面首付款业务的点钞方法。它的优点是速度快、效率高，由于每指点一张，票面可视幅度较大，看得比较清楚，有利于识别假币和挑剔损伤券。

2. 训练流程

(1)持钞

钞券横立，左手持钞。持钞时，手心朝胸前，手指向下，中指在票前，食指、无名指、小指在票后，将钞券夹紧；以中指为轴心五指自然弯曲，中指第二关节顶住钞券，向外用力，小指、无名指、食指、拇指同时向手心方向用力，将钞券压成“U”形，“U”口朝左略偏里，食指和拇指要从右上侧将钞券往里下方轻压，打开微扇；手腕向里转动 90 度，使钞券的凹面向左但略朝里，凸面朝外向右；中指和无名指夹住钞券，食指移到钞券外侧面，用指尖管住钞券，以防下滑，拇指轻轻按住钞券外上侧，既要防钞券下滑，又要配合右手清点。最后，左手将钞券移至离胸前约 20 厘米的位置，右手五指头同时沾水，做好清点准备。

(2)清点

两只手摆放要自然。一般左手持钞略低，右手手腕抬起高于左手。清点时，右手拇指轻轻托住内上角里侧的少量钞券，其余四指自然并拢弯曲成弓形，食指在上，中指、无名指、小指依次略低，四个指尖呈一条斜线，然后从小指开始，四个指尖依次顺序各捻下 1 张，四指共捻 4 张，接着以同样的方法清点，循环往复，点完 25 次即点完 100 张。

(3)记数

采用分组记数法。以四个指头顺序捻下 4 张为一次，每次为一组，25 次即 25 组，即为 100 张。通常以 100 张为一把，10 把为一捆，在票币清点时，应做到张(枚)数清点准确，按规定将残缺污损票币剔净。

(4)扎把与盖章

采用手持式四指拨动法点钞，清点前不必先拆纸条，只要将捆扎钞券的腰条纸挪移到钞券 1/4 处就可以开始清点，发现问题可保持原状，便于追查。清理完毕后，初点不用勾断腰条，复点时顺便将腰条纸勾断，重新扎把盖章。

(四)手按式点钞法

1. 方法介绍

手按式点钞法是将钞券安放在桌面上进行清点的点钞方法。一般包括手按式单指单张点钞法,手按式双张、三张、四张点钞法,手按式多指拨动点钞法等。其中,手按式单指单张点钞法是一种传统的点钞方法,在我国流传面广,它适用于收付款和整点各种新旧大小钞券。由于这种点钞方法是逐张清点,看到的票面较大,便于挑剔损伤券,特别适合清点散把钞券和辅币及残破券多的钞券。

2. 训练流程

(1)拆把

将钞券横放在桌面上,一般在点钞员正胸前。左手小指、无名指微弯曲按住钞券左上角,约占票面 1/3 处,食指伸向腰条纸并将其勾断,拇指、食指和中指微曲,做好点钞准备。

(2)清点

右手拇指托起右下角的部分钞券,用右手食指捻动钞券,其余手指自然弯曲。右手食指每捻起一张,左手拇指便将钞券向上推送到左手食指与中指间夹住,依次连续操作上述点钞动作。用这种方法清点时,应注意右手拇指托起的钞券不要太多,否则会使食指捻动困难,也不宜太少,太少会增加拇指活动次数,从而影响清点速度。一般一次以 20 张左右为宜。

(3)记数

记数可以采用双数记数法,数到 50 时即为 100 张;也可以采用分组记数法,以 10 张为一组记数,即数到 10 时为 100 张。

(4)扎把与盖章

清点完毕,墩齐钞券。按照规定方法进行扎把,并在每一把钞券上侧的纸条上加盖点钞员的名章,印章必须清晰。

二、硬币整点技能训练

(一)硬币整点工作流程

硬币整点工作流程具体见图 2—7。

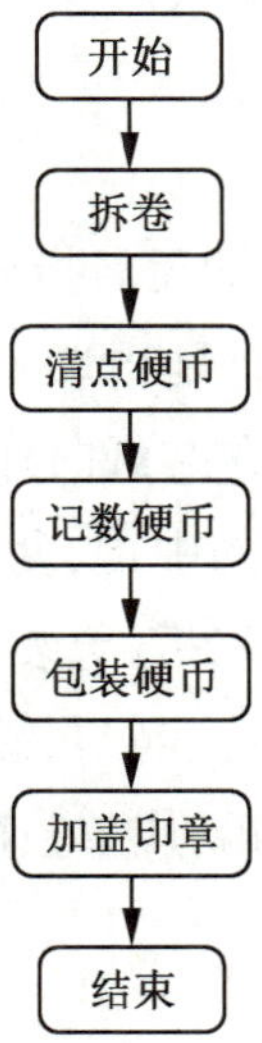

图 2—7　硬币整点工作流程

(二)硬币整点基本方法

1. 方法介绍

硬币整点的基本方法有两种:一是手工整点;二是工具整点。手工整点硬币一般适用于收款时收点硬币尾零款。一般包括拆卷、清点、记数、包装、盖章五个步骤。工具整点硬币一般适用于大批硬币的整点。整点时需要借助硬币整点器(又称硬币计数器)。硬币整点器内,根据5分、2分、1分三种硬币的直径设计了三种相应的弧形槽式分币板,又根据流通中硬币的平均厚度,固定了百枚硬币的总长度,每次可清点100枚硬币。其操作步骤与手工整点硬币基本相同。

2. 训练流程

(1)拆卷

右手持硬币卷的1/3处,放在待清点后需使用的新包装纸的中间,左手撕开硬币包装纸的一头,然后用右手拇指向下从左至右打开包装纸,把纸从卷的上面压开后,左手食指平压硬币,右手抽出已压开的包装纸,以备清点。

(2)清点

左手持币,用右手拇指和食指由右向左分组清点。为了保证准确率,可用右手中指在一组中间分开查看,验证每组数量。如一次点18枚为一组,即从中间开始一边9枚。

(3)记数

记数方法采用分组记数法。一组为一次,每次枚数要相同。如点

18 枚为一组,即清点 5 次加 10 枚共计 100 枚(其他分组记数法以此类推)为一卷,叠放在包装纸上。

(4)包装

硬币清点完毕后,用双手的无名指分别顶住硬币的两头,用拇指、食指、中指捏住硬币的两端,将硬币取出放入已准备好的包装纸 1/2 处,再用双手拇指把里半部的包装纸向外掀起掖在硬币底部,用右手掌心用力向外推卷,然后用双手的中指、食指、拇指分别将两头包装纸压下均贴着硬币,使硬币两头压三折,包装完毕,并在外包装上加盖点钞员的印章。其中,对于已经穿孔、裂口、破缺、压薄、变形以及正面的国徽、背面的数字模糊不清的硬币,应单独挑出,另行包装。

【任务实施】

选择合适的纸币、硬币点钞方法,坚持每天练习。

任务三　人民币鉴别

【任务引入】

某企业出纳员小林在清点现金时,发现疑似假币,小林是怎么识别出来的?此时小林应该怎么做呢?

【知识准备】

掌握出纳技能(2)

一、人民币面值 100 元反假技能

新中国成立以来,根据各个历史时期的不同需要,我国共发行了五套人民币。现在第四套和第五套并行流通,第一至第三套已经停止流通,五套人民币各有多个版本、多个币种,可谓种类繁多。在这里,我们主要了解第五套人民币的反假技能。

改革开放以来,随着社会主义市场经济持续健康快速发展,社会对现金的需求量日益增大。第四套人民币本身存在的不足之处,如防伪措施简单、缺少机读性能等,不利于钞票自动化处理,不利于人民币反假。因此,要求我们为适应经济发展和市场货币流通发行新版人民币。

1999 年 10 月 1 日,在中华人民共和国成立 50 周年之际,根据中华人民共和国国务院第 268 号令,中国人民银行陆续发行第五套人民

币。第五套人民币共 8 种面额：100 元、50 元、20 元、10 元、5 元、1 元、5 角、1 角。

2005 年 8 月 31 日又发行了第五套人民币 2005 年版共 6 种票面：100 元、50 元、20 元、10 元、5 元、1 角硬币。

在这里，我们主要了解第五套人民币 100 元和 50 元的反假技能。

(一)人民币面值 100 元假币识别技术工作流程

人民币面值 100 元假币识别技术工作流程具体见图 2—8。

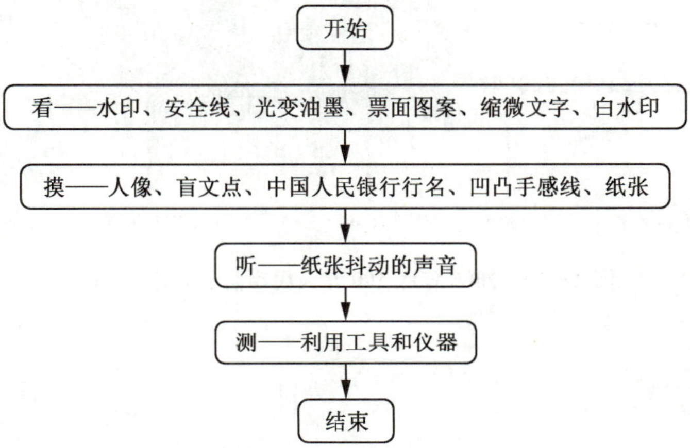

图 2—8　人民币假币识别技术工作流程

(二)人民币面值 100 元反假技能训练

1. 人民币 100 元防伪特征

(1)1999 年版 100 元人民币防伪特征，具体见图 2—9。

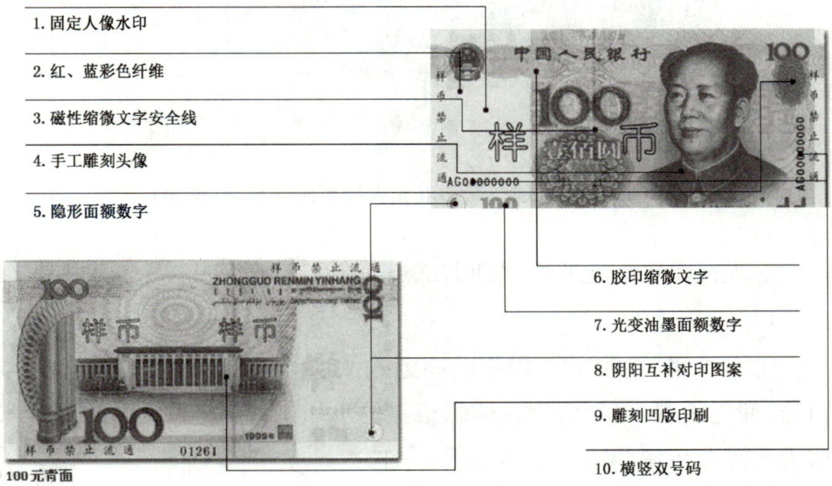

图 2—9　1999 年版 100 元人民币防伪特征

(2)2005年版100元人民币防伪特征,具体见图2—10和图2—11。

图2—10　2005年版100元人民币防伪特征(正面)

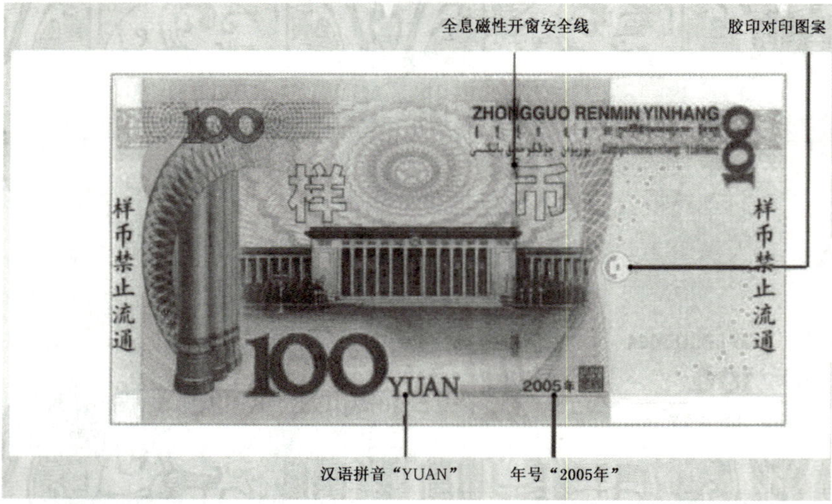

图2—11　2005年版100元人民币防伪特征(背面)

2.人民币100元假币识别训练流程

(1)一看

①看水印。100元人民币的固定人像水印位于票面正面左侧的空白处,迎光透视,可以看到立体感很强的水印。100元人民币的固定水印为毛泽东头像图案。具体见图2—12。

②看安全线。100元人民币在票面正面中间偏左,有一条安全线。

1999年版100元纸币上的安全线，带有磁性并印有迎光可见的缩微文字“RMB100”。2005年版均为全息磁性开窗安全线，正面为全植入式，背面为半植半露式，位于纸币背面中间偏右，开窗部分可见与面额相同的缩微字符“￥100”。第五套人民币2005年版与1999年版百元纸币上安全线均有磁性涂层，检测设备可测。2015年版人民币采用光变镂空开窗安全线，透光观察，可见安全线中正反交替排列的镂空文字“￥100”。具体见图2—12。

③看光变油墨。100元人民币正面左下方的面额数字采用光变油墨印刷。将垂直观察的票面倾斜到一定角度时，100元券的面额数字会由绿色变为蓝色。具体见图2—12。

④看白水印。白水印位于正面双色异形横号码下方，迎光透视，可以看到透光性很强的水印“100”字样。具体见图2—12。

⑤看票面图案。看票面图案是否清晰，色彩是否鲜艳，对接图案是否可以对接上。100元人民币在正面偏左和背面偏右处都印有一个圆形局部阴阳互补对印图案。迎光透视，两幅图案准确对接，组合成一个完整的古钱币图案。具体见图2—12。

⑥看缩微文字。用5倍以上放大镜观察票面，看图案线条、缩微文字是否清晰干净。100元人民币正面胶印图案中，印有缩微文字“RMB”和“RMB 100”字样。具体见图2—12。

（2）二摸

①摸人像、盲文点、中国人民银行行名、凹印手感线等处是否有凹凸感。100元人民币正面主景为毛泽东头像，采用手工雕刻凹版印刷工艺，形象逼真、传神、凹凸感强，易于识别。具体见图2—12。

②摸纸币是否薄厚适中、挺括度好。

（3）三听

听即通过抖动钞票使其发出声响，根据声音来分辨100元人民币真伪。100元人民币的纸张，具有挺括、耐折、不易撕裂的特点。手持钞票用力抖动，手指轻弹或两手一张一弛轻轻对称拉动，能听到清脆响亮的声音。

（4）四测

测即借助一些简单的工具和专业的仪器来分辨人民币的真伪。如借助放大镜可以观察票面线条的清晰度、胶印缩微文字等；用紫光灯照射票面，可以观察钞票纸张和油墨的荧光反应；用磁性检测仪可以检测黑色横号码的磁性。

图 2—12　面值 100 元人民币防伪特征

二、人民币面值 50 元反假技能

掌握出纳技能(3)

(一)人民币面值 50 元假币识别技术工作流程

人民币面值 50 元假币识别技术工作流程同人民币面值 100 元假币识别技术工作流程。

(二)人民币面值 50 元反假技能训练

1. 人民币 50 元防伪特征

2005 年版 50 元人民币防伪特征，具体见图 2—13 和图 2—14。

图 2—13　2005 年版 50 元人民币防伪特征(正面)

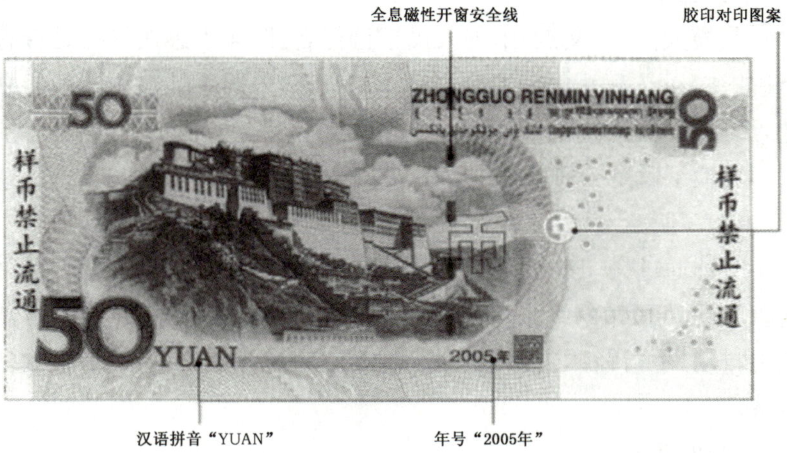

图 2—14　2005 年版 50 元人民币防伪特征(背面)

2. 人民币 50 元假币识别训练流程

(1)一看

①看水印。50 元人民币的固定人像水印位于票面正面左侧的空白处,迎光透视,可以看到立体感很强的水印。

②看安全线。50 元人民币在票面正面中间偏左,有一条安全线。1999 年版 50 元纸币上的安全线,带有磁性并印有迎光可见的缩微文字“RMB50”。2005 年版均为全息磁性开窗安全线,正面为全植入式,背面为半植半露式,位于纸币背面中间偏右,开窗部分可见与面额相同的缩微字符“￥50”。第五套人民币 2005 年版与 1999 年版 50 元纸币上安全线均有磁性涂层,检测设备可测。

③看光变油墨。50 元人民币正面左下方的面额数字采用光变油墨印刷。将垂直观察的票面倾斜到一定角度时,50 元券的面额数字会由金色变为绿色。

④看票面图案。看票面图案是否清晰,色彩是否鲜艳,对接图案是否可以对接上。50 元人民币在正面偏左和背面偏右处都印有一个圆形局部阴阳互补对印图案。迎光透视,两幅图案准确对接,组合成一个完整的古钱币图案。

⑤看缩微文字。用 5 倍以上放大镜观察票面,看图案线条、缩微文字是否清晰干净。50 元人民币正面胶印图案中,印有缩微文字“RMB”和“RMB 50”字样。

⑥看白水印。白水印位于正面双色异形横号码下方,迎光透视,可以看到透光性很强的水印“50”字样。

(2)二摸

①摸人像、盲文点、中国人民银行行名、凹印手感线等处是否有凹凸感。50元人民币正面主景为毛泽东头像，采用手工雕刻凹版印刷工艺，形象逼真、传神、凹凸感强，易于识别。

②摸纸币是否薄厚适中、挺括度好。

(3)三听

听即通过抖动钞票使其发出声响，根据声音来分辨50元人民币真伪。50元人民币的纸张，具有挺括、耐折、不易撕裂的特点。手持钞票用力抖动，手指轻弹或两手一张一弛轻轻对称拉动，能听到清脆响亮的声音。

(4)四测

测即借助一些简单的工具和专业的仪器来分辨人民币的真伪。如借助放大镜可以观察票面线条的清晰度、胶印缩微文字等；用紫光灯照射票面，可以观察钞票纸张和油墨的荧光反应；用磁性检测仪可以检测黑色横号码的磁性。

三、发现假币的处理

(一)假币的概念

《中国人民银行假币收缴、鉴定管理办法》所称假币，是指伪造、变造的货币。

伪造币是指仿照真币的图案、形状、色彩等，采用各种手段制作的假币。伪造币从制作手法上，有机制、复印、拓印、石木刻版、手工描绘等；从券别种类上，既有主币也有辅币，既有流通币也有纪念币。

变造币是指在真币的基础上，利用挖补、揭层、涂改、拼凑、移位、重印等多种方法制作，改变真币原形态的假币。

(二)发现假币的处理方法

发现假币的具体处理办法如下：

(1)单位的财会出纳人员在收付现金时发现假币，应立即送交附近的银行鉴别。

(2)单位发现可疑币不能断定其真假时，发现单位不得随意加盖假币戳记和没收，应向持币人说明情况，开具临时收据，连同可疑币及时报送中国人民银行当地分支行鉴定。经人民银行鉴定确属假币时，按发现假币后的处理方法处理；如果确定不是假币，应立即将钞票送还持币人。

(3)广大群众在日常生活中发现假币，应立即就近送交银行鉴定，并向公安机关和银行举报及提供有关详情协助破案。

(4)银行收到假币时，应按规定予以没收，并当着顾客的面在假币上加盖假币戳记，同时开具统一格式的“假人民币没收收据”给顾客，并将所收假币登记造册，妥善保管，定期上缴中国人民银行当地分支行。

(5)假币没收权属银行、公安和司法部门，其他单位和个人如果发现假币，按上述方法处理，或按当地反假币法规所规定的办法办理。

(三)残缺、污损人民币兑换标准

1.残缺、污损人民币的定义

残缺、污损人民币是指票面撕裂、损缺，或因自然磨损、侵蚀，外观、质地受损，颜色变化，图案不清晰，防伪特征受损，不宜再继续流通使用的人民币。

2.残缺、污损人民币兑换

残缺、污损人民币兑换分为“全额”“半额”两种情况。

(1)能辨别面额，票面剩余3/4(含3/4)以上，其图案、文字能按原样连接的残缺、污损人民币，金融机构应向持有人按原面额全额兑换。

(2)能辨别面额，票面剩余1/2(含1/2)以上3/4以下，其图案、文字能按原样连接的残缺、污损人民币，金融机构应向持有人按原面额的一半兑换。纸币呈正十字形缺少1/4的，按原面额的一半兑换。

3.不能兑换的残缺、污损人民币

(1)票面残损1/2以上。

(2)票面污损、熏焦、水浸、油浸、变色，不能辨别真假。

(3)故意挖补、涂改、剪贴、拼凑、揭去一面的。

出纳人员发现残缺、污损人民币后，应当及时按上述规定到银行办理兑换。

【任务实施】

对人民币面值100元和50元的防伪特征进行训练。

任务四　保管技能

【任务引入】

小林是即将毕业的财会专业学生，毕业实习期间到某公司实习，单位安排他向出纳高某学习出纳工作。实习第一天，高某就叫他将上月的出纳资料进行整理、装订和归档，但小林感觉无从下手，他应该怎么做？

【知识准备】

掌握出纳技能(4)

一、有价证券及印章的保管

出纳一般除了负责保管单位的库存现金之外，还要负责保管单位的有价证券、印鉴、空白支票、空白发票和收据等，出纳要加强责任心，防止这些财物丢失。

（一）保险柜的管理

一般来讲，各单位都要配备保险柜，供出纳使用。保险柜的管理包括以下内容：

（1）保险柜应配备两把钥匙：一把由出纳保管，供出纳人员日常工作开启使用；另一把由单位财会主管（总会计师或财务科长）负责封存保管，以备特殊情况下经有关领导批准后开启使用。非出纳人员在一般情况下，是不能任意开启保险柜的。单位财会主管在对出纳工作进行检查，如检查现金库存限额、实物盘点时，才能按规定程序开启保险柜，但出纳应在场。

（2）保险柜内保存的现金余额，应当符合银行核定的库存限额要求。

（3）有价证券和贵重物品等都必须设置保管登记簿，进行仔细登记，随时清点，做到账实相符。

（4）出纳使用的空白票据，比如空白发票或收据、空白支票以及常用的印鉴等，每日终了，均应放入保险柜内保管。

（5）保险柜内严禁存放私人现金或财物。

（6）保险柜内各种物品要存放整齐、保持整洁卫生；保险柜外也要经常擦抹干净。

（7）出纳人员工作变动时，必须及时更换密码。

（8）保险柜的钥匙丢失或密码发生故障时，出纳人员要及时报有关领导处理，不得随意找人修理或配钥匙。必须更换保险柜时，要办理以旧换新的批准手续，注明更换情况备查。

（9）保险柜被盗的处理。一旦发现保险柜被盗或出现异常情况，出纳人员应当保护现场，并立即报告保卫部门或公安机关，待公安机关勘查现场时才能清点财物被盗情况。

（二）空白支票的保管

每个单位都保留了一定数量的空白支票以备使用，而空白支票一般都是由出纳人员保管。支票是一种支付凭证，一旦填写了有关内容，并加盖了预留在银行的印鉴后，就可以直接从银行提取现金和办理转账。所以，出纳人员必须保管好空白支票，注意以下4点：

(1)实行票印分管。空白支票和预留印鉴不得由一个人保管，通常由出纳人员保管空白支票和人名章，而签发支票的财务专用章则由会计人员(一般是会计负责人或会计主管)保管。这样便于明确责任、互相制约，防止舞弊行为。

(2)严格控制携带盖好印鉴的空白支票外出采购。

(3)设置“空白支票领用登记表”，实行空白支票领用销号制度。

(4)空白支票应当保管在保险柜中。

(三)有价证券的保管

出纳保管的有价证券主要是股票和债券，它们具有与现金相同的性质，应当同现金一样保管在保险柜中，保管过程中要注意以下几点：

(1)实行账证分管，会计人员管账，出纳管有价证券实物，互相牵制、互相核对，共保有价证券安全完整。

(2)要将有价证券视同现金保管，有价证券要分门别类地整齐排放在保险柜中，并随时或定期进行抽查盘点。

(3)出纳人员应当对各种有价证券的票面额和号码保守秘密。

(4)建立并登记好“有价证券登记簿”，以便随时掌握各种有价证券的库存和流通情况。

(四)空白发票或收据的保管

发票是由税务机关监制、纳税人到税务机关领购的票证，是纳税人在购销商品、提供或者接受服务以及从事其他经营活动中开具、收取的收付款凭证。发票是每个纳税人财务收支的法定凭证，是最重要的会计凭证，也是出纳人员经常打交道的票证，必须妥善保管和正确使用。我国的发票种类包括增值税发票和普通发票两类。

空白发票或收据一经填制并盖章，即可作为结算的书面依据，所以，出纳人员应当按规定妥善保管和使用空白发票或收据。

1. 发票保管的基本规定

(1)建立发票保管制度，设置发票登记簿，指派专人负责保管发票，妥善保管，不得丢失。发票丢失，应于当日书面报告主管税务机关，并在报刊和电视等传播媒介上公开声明作废，同时接受税务机关的处罚。

(2)开具发票的单位和个人应当在办理变更或者注销税务登记的同时，办理发票和发票领购簿的变更、缴销手续。

(3)开具发票的单位和个人应当按照税务机关的规定存放和保管

发票，不得擅自损毁。已开具的发票存根联和发票登记簿，应当保存5年。保存期满，报经税务机关查验后销毁。

（4）对于填写错误的发票，应完整保管其各联，不得私自销毁。作废的发票要加盖“作废”专用章，各联要连同存根联一并保管，不得撕毁、丢失。

2.发票丢失、被盗的处理

（1）报告。纳税人发生丢失、被盗增值税发票或普通发票时，应立即书面报告主管国家税务机关，向税务机关“文书受理”窗口领取并填写好“纳税人发票挂失声明申请审批表”“丢失、被盗发票清单”“《专用发票遗失声明》刊出登记表”（如图2—15所示），同时向“文书受理”窗口提供以下材料：①遗失证明材料；②刊登作废声明的文字材料；③发票领购簿；④经办人身份证及复印件。

（FP041）《专用发票遗失声明》刊出登记表

请按下列表格填写清楚

刊出内容：					
地　　址					
联系电话		邮政编码		联系人	

申请刊出单位（盖章）

年　　月　　日

主管税务机关名称					
地　　址					
联系电话		邮政编码		联系人	

主管税务机关（公章）

年　　月　　日

注：①刊出内容：纳税人名称、遗失发票份数、字轨号码、是否盖财务章、备注等；

②本表一式二份，一份纳税人留存，一份税务机关留存。

图2—15 《专用发票遗失声明》刊出登记表

（2）审理。税务机关“文书受理”窗口为纳税人开具“税务文书领取通知单”，并将有关资料转发票供售部门按税务违法、违章工作程序处理后，在“纳税人发票挂失声明申请审批表”（如图 2—16 所示）上签章交“文书受理”窗口，纳税人凭“税务文书领取通知单”到“文书受理”窗口领取。

（FP039）纳税人发票挂失声明申请审批表

纳税人识别号：

纳税人名称：

	发票名称	发票代码	份数	发票号码		其中：空白发票		
				起始号码	终止号码	份数	起始号码	终止号码
发票丢失、被盗情况								

丢失、被盗原因：

（签章）

法定代表人（负责人）：　　办税人员：　　年　月　日

主管税务机关发票管理环节意见：	上级税务机关发票管理环节意见：
（公章）	（公章）
负责人：	负责人：
经办人：　　年　月　日	经办人：　　年　月　日

注：一式四份，基层和上级税务机关发票管理环节、报社、纳税人各一份。

图 2—16　纳税人发票挂失声明申请审批表

（3）公开声明作废。①如果是增值税专用发票丢失、被盗，纳税人必须将“《专用发票遗失声明》刊出登记表”和挂失登报费一并邮寄中国税务报社，在《中国税务报》上公开声明作废。②如果是普通发票丢失、被盗，纳税人应在当地新闻媒介上公开声明作废。

(4)验销发票。纳税人公开声明作废后,持刊物原件及以下资料到税务机关的发票供售部门验销发票:①纳税人发票挂失声明申请审批表;②发票缴销登记表;③发票领购簿;④经办人身份证。

发票供售部门审核以上资料合格后,在征管电脑系统中验销其相应的领购记录,在"发票领购簿"上登记验销记录,在"发票缴销登记表"上签章后交纳税人。

(五)印鉴的保管

与出纳有关的印鉴主要是银行预留印鉴中的个人章。出纳人员应当将该印章妥善地保管在保险柜中。单位在印鉴管理中应注意以下几点:

(1)银行的预留印鉴主要用于支票。印鉴一般都留有两个:一是单位负责人的个人印章;二是单位的财务专用章。个人印章由出纳保管,财务专用章由其他会计人员保管。绝不能由出纳同时保管这两个印章,否则会后患无穷。

(2)预留印鉴的更换必须按规定进行。如单位负责人更换或印鉴损坏需要更换时,应填写"印鉴更换申请书",同时出具证明情况的公函一并交开户银行,经银行同意后,在银行发给的新印鉴卡的背面加盖原预留印鉴,在正面加盖新启用的印鉴。

(3)预留印鉴如果发生遗失,应当及时报告有关领导。出纳人员遗失预留印鉴中的个人印章时,应由本单位出具函证;如遗失的是单位的财务专用章,则应由上级主管部门出具函证,经开户银行同意后,出纳人员再办理更换印鉴的手续。

二、出纳归档资料的保管

掌握出纳技能(5)

出纳人员每天都要收存、支付许多凭证,又保管着单位的货币性资产,所以应该掌握必要的凭证装订和保管技能。

(一)出纳凭证的整理

出纳人员必须逐日、逐张地对原始凭证进行加工整理,以便汇总装订。对原始凭证的整理,要求做到以下几点:

(1)面积小又零散且不易直接装订的原始凭证,如火车票、市内公共汽车票等,应先将小票按同一金额归类,粘贴到另一厚纸上,对齐厚纸上沿,从上至下移位重叠粘贴,注意小票不应落出厚纸下沿。

(2)面积较大但又未超过记账凭证大小的原始凭证,不宜粘贴,应先用大头针或回形针将其别在一起,待装订时取掉。

(3)面积稍微大过记账凭证的原始凭证,应按记账凭证大小先自下向上折叠，再从右到左折叠；如原始凭证的宽度超过记账凭证两倍或两倍以上，则应将原始凭证的左下方折成三角形，以免装订时将折叠单据订入左上角内。

（4）页缘空白很少、不够装订的原始凭证，要贴纸加宽，以便装订后翻阅。

（二）凭证的装订方法

凭证的装订质量也是出纳工作质量好坏的重要标志。装订不仅要求外观整齐，而且要防止偷盗和任意抽取。同时，正确的装订方法能保证凭证的安全和完整。装订时，要加凭证封面和封底。凭证封面格式如图 2—17 所示。

会计凭证封面

第　册

自　年　月　日到　月　日止　　　　共　册

凭证名称	起止号数	凭证张数
××凭证	自第　号至第　号	

会计主管人员　　　　装订员　　　　年　月　日装订

图 2—17　会计凭证封面

凭证装订方法如下：

（1）将需要装订的凭证上方和左方整理齐整，再在左上方加一张厚纸作为封签，打孔机在封签上如图 2—18 所示钻 3 个圆眼，直至底页，然后装订。

图 2—18　凭证装订图示 1

（2）订牢后，在订线的地方涂上胶水，然后将封签按图 2—18 订线所形成之三角形的斜边折叠，如图 2—19 所示。

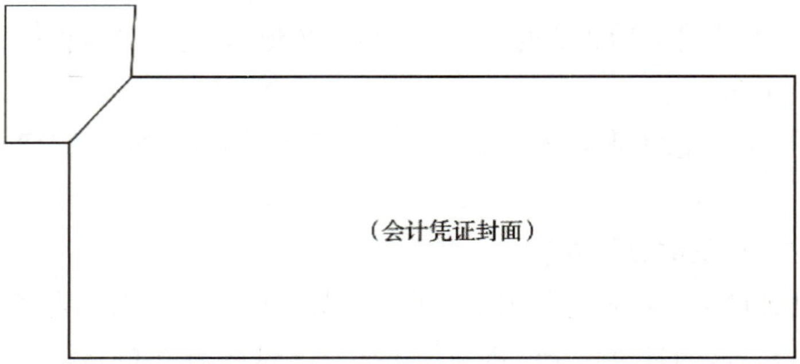

图 2—19　凭证装订图示 2

（3）然后将凭证翻转过来，底页朝上，将封签剪至如图 2—20 所示。

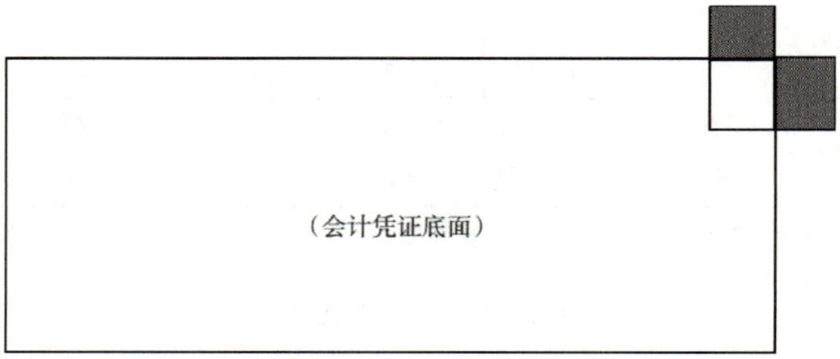

图 2—20　凭证装订图示 3

（4）在图 2—20 阴影处涂上胶水，折叠，并在封签骑缝处加盖装订人图章，如图 2—21 所示。

图 2—21　凭证装订图示 4

凭证装订好后，不能轻易拆开抽取。如因外调查证用，只能复印，但应经本单位领导批准，并在专设的备查簿上登记，再由提供人员和收取人员共同签名盖章。

（三）保管期限

现金出纳凭证的保管期限应从会计年度终了后第一天算起。除涉外凭证及其他重要会计凭证外，一般会计凭证保管期限是15年。保管期满，应按规定程序报经批准后予以销毁。

【任务实施】

请完成【任务引入】的问题：小林是即将毕业的财会专业学生，毕业实习期间到某公司实习，单位安排他向出纳高某学习出纳工作。实习第一天，高某就叫他将上月的出纳资料进行整理、装订和归档，但小林感觉无从下手，他应该怎么做？

参考回答：

通过以上知识的学习，小林按以下四步完成该项工作：

第一步：出纳资料整理。先将所有出纳资料进行分类，按凭证、账簿、印章、报告、软件资料和其他资料进行分类整理。

第二步：出纳资料装订。按前面的分类，进行不同方法的装订和归置。凭证、账簿、报告类资料要分别进行装订，电算化资料还要进行刻盘存档。

第三步：编册。对于装订完毕的出纳资料，应当立卷成册，启用封面或扉页，用以记录每册的编号、所属单位、所届时期、计号数及页数、经办人员等详细内容，并加盖单位公章和经办人员私章；在保管上有特殊要求的，可以加盖骑缝章或加贴封条。

第四步：送存。将全部资料编册完成后，按册送存档案室进行保管。

任务五　出纳原始凭证

【任务引入】

3月1日，供应科郑瑞持审批手续齐全的发票报销材料款、工具款，作为出纳人员的林某需要怎么做？

【知识准备】

掌握出纳技能(6)

一、原始凭证

(一)原始凭证的含义

原始凭证，又称单据，是在经济业务发生或完成时取得或填制的、用以记录或证明经济业务发生或完成情况，并作为记账原始依据的一种会计凭证，是出纳核算和会计核算中的原始材料和重要的证明文件。

(二)原始凭证的分类

1. 按来源不同分类

(1)外来原始凭证，是指在经济业务活动发生或完成时从其他单位或个人直接取得的原始凭证，如增值税专用发票、火车票、收款收据等。收款收据见图 2—22。

收　款　收　据

单位或个人名称：XX公司　　日期：2023-11-30

品名	单位	数量	单价	金额										备注
				千	百	十	万	千	百	十	元	角	分	
签证押金		1.00	5000.00					5	0	0	0	0	0	
合计人民币（大写）	伍仟元整						¥	5	0	0	0	0	0	

①存根白 ②交对方红 ③交财务黄

会计主管：李华　　出纳：刘莉　　收款单位（盖章）：

图 2—22　收款收据

(2)自制原始凭证，是指本单位业务经办人员在执行或完成某项经济业务时，按照经济业务的内容自行填制的原始凭证，如收料单、领料单、销货发票、产品入库单、工资发放单等。收料单见图 2—23。

收 料 单

收料日期：20××年 12 月 1 日　　　　仓库：1 号库

材料名称	规格	单位	数量		发票金额		应摊运杂费	实际成本	
			应收数	实收数	单价	金额		单价	金额
合计									

会计：　　记账：　　保管员：　　验收人：

图 2—23　收料单

2. 按填制手续和方法不同分类

（1）一次原始凭证，是指只记载一项业务或同时记载若干项同类性质经济业务、填制手续一次性完成的原始凭证，如现金收据、发货票、领料单等。领料单见图 2—24。

领　料　单

领料单位：基本生产车间

用途：制造 B 产品　　　　领料日期：20××年 12 月 13 日

材料类别	材料名称及规格	计量单位	数量		单价(元)	金额(元)
			请领	实领		
××	甲材料	千克	200	200	130	26 000

记账：　　发料：　　领料负责人：　　领料：

图 2—24　领料单

（2）累计原始凭证，是指在一定时间内在一张凭证中，连续登记不断重复发生的若干同类经济业务的原始凭证。累计原始凭证是随着经济业务的发生而分次登记使用的，可以简化核算手续，减少凭证数量，便于控制管理，如限额领料单。限额领料单见图 2—25。

限额领料单

领料部门：　　　　　　　　　　　　　　　　第　号：
用　途：　　　　　年　月　日　　　　　　　发料仓库：

材料编号	材料名称及规格	计量单位	计划投产量	单位消耗定额	领用限额	实发		
						数量	单价 十万千百十元角分	金额 千百十万千百十元角分

日期	领用			退料			限额结余数量
	数量	领料人	发料人	数量	退料人	收料人	

生产计划部门：　　　　　　供销部门：　　　　　　仓库：

图 2—25　限额领料单

(3)汇总原始凭证，是指一定时期内若干张反映同类经济业务的原始凭证汇总填制在一张凭证上的原始凭证，如发出原材料汇总表、工资费用汇总表等。工资发放表见表 2—5。

表 2—5　　　　　工资发放表

编制单位：　　　　　　　　　　　　工资月份：　年　月

序号	姓名	部门	职务	基本工资	在职天数	应发工资					应扣工资				实发工资	领款人签章	备主
						工资	绩效奖金	补助	其他	合计	社保	个税	其他	合计			
1																	
2																	
3																	
4																	
5																	
6																	
7																	
8																	
合计																	

制表人：　　　　　　　　　　　　　　　　制表日期：

（三）原始凭证的基本内容

原始凭证的基本内容包括：

（1）原始凭证的名称，如借款单、增值税专用发票；

（2）原始凭证填制的日期和经济业务发生日期；

（3）填制凭证单位名称及公章或专用章；

（4）经办人员和负责人的签章；

（5）接受凭证单位名称；

（6）经济业务内容；

（7）数量、单价和金额。

二、填制和审核原始凭证

出纳填制和审核的凭证主要是各种货币收支原始凭证，如开出或收到的发票或收据、填写或收到的支票等银行票据。这些工作是出纳的经常性业务活动，不得有半点差错，所以，出纳人员必须掌握填制和审核原始凭证的基本方法和技术。

（一）填制原始凭证

1. 填制原始凭证的基本要求

（1）原始凭证的内容必须具备：凭证的名称；填制凭证的日期；填制凭证单位的名称或填制人姓名；经办人员的签名或者盖章；接受凭证单位的名称；经济业务内容；数量、单价和金额。所有内容必须真实可靠、符合实际情况。

（2）自制原始凭证必须有经办单位领导人或者其指定的人员签名或盖章。对外开出的原始凭证，必须加盖本单位公章或财务专用章。

（3）凡填有大、小写金额的原始凭证，大写与小写金额必须相符，其书写按前述技能要求进行。

（4）购买实物的原始凭证，必须有验收证明；支付款项的原始凭证，必须有收款单位和收款人的收款证明。

（5）一式几联的原始凭证，应当注明各联的用途，只能以一联作为报销凭证。

（6）一式几联的发票和收据，必须用双面复写纸（发票和收据本身具备复写纸功能的除外）套写，并连续编号。作废时应当加盖“作废”戳记，连同存根一起保存，不得撕毁。

（7）各种凭证填写时不得涂改、挖补，也不能用涂改液或修正液改正。若发现有误时，一般应重新填制；若可更正，应按规定方法进行，并在更正处由相关方签章。

2.错误原始凭证的更正

各种原始凭证不能随意涂改，原始凭证填写如有错误，要使用正确的改错方法更正，不得涂改、刮擦、挖补或用褪色水改，更正处应当加盖开出单位的公章。

对于数字发生错误的原始凭证，必须退回原开出单位重开，不可在原错误处更正。

对于文字发生错误的原始凭证，应退回原开出单位重开或在错误处进行更正，并在更正处加盖更正单位公章及相关人员名章。

（二）审核原始凭证

出纳是根据审核无误的原始凭证来收入和支付现金或银行存款的，也以此来登记现金和银行存款日记账，所以，审核原始凭证也是出纳的基本技能之一。

出纳对原始凭证的审核内容主要包括以下两方面：一是政策性审核，主要是审核原始凭证所记录的货币收支业务的合法性、合理性和真实性。二是技术性审核，主要是审核原始凭证的格式、内容和填制手续是否符合规定，是否具有原始凭证的合法效力。

在出纳工作中，把对原始凭证的审核归纳为“八审八看”：

（1）审原始凭证所记的货币收支业务，看是否符合财会制度和开支标准；

（2）审原始凭证的抬头，看是否与本单位（或报账人）名称相同；

（3）审原始凭证的日期，看是否与报账日期相近；

（4）审原始凭证的财务签章，看是否与原始凭证的填制单位名称相符；

（5）审原始凭证的联次，看联次是否恰当正确；

（6）审原始凭证的金额，看金额是否计算正确；

（7）审原始凭证的大小写金额，看两者是否一致；

（8）审原始凭证的票面，看是否有涂改、刮擦、挖补等现象。

【任务实施】

1.找出图2—26中发票填制的问题。

2.2023年5月13日，阳光公司开出现金支票，从银行提取现金60 000元，以备发放工资。请根据资料填写现金支票，完成图2—27。

发　　票

购货单位：XX　　X年X月X日　　NO.1

货物名称	数量	单价	金额						
			万	千	百	十	元	角	分
书	100	25		2	5	0	0	0	0
合计人民币（大写）贰仟伍佰元整			¥	2	5	0	0	0	0

②发票联

企业名称〔盖章〕：XX　　会计：XX　　制单：XX

图 2—26　任务实施 1

中国工商银行现金支票存根

XⅢ 100001110

科　　目：____________

对方科目：____________

签发日期　　年　月　日

收款人：
金额：
用途：

单位主管　　　会计

中国工商银行　**现金支票**　　XⅢ 100001110

出票日期（大写）　　年　　月　　日

本支票付款期十天

收款人　　　　付款行名称：惠丰办事处

出票人账号：70004588221

人民币（大写）	千	百	十	万	千	百	十	元	角	分

用途：____________

上列款项请从

我账户内支付

出票人签章

科目（借）…………

对方科目（贷）…………

付讫日期　年　月　日

出纳……复核……记账……

XⅢ 100001110

贴对号单处

图 2—27　任务实施 2

项目三

现金收支业务的处理

学习目标

知识目标

1. 了解现金的含义。

2. 熟知现金管理的内容及有关制度。

3. 明确现金收入的处理流程。

4. 明确现金支出的处理流程。

5. 明确现金存取的处理流程。

能力目标

1. 能够计算单位库存现金限额。

2. 能够办理单位收支现金业务。

3. 能够办理单位存取现金业务。

素质目标

1. 培养严谨的工作作风、严格的工作纪律和良好的协作精神。

2. 树立诚实守信、廉洁自律的职业道德。

任务一　现金管理基本知识

【任务引入】

林某是某企业出纳员，某日，公司同事小张拿500元的餐费发票报销，但是库存现金只余200元，林某想到李总刚刚退还的500元差旅费，于是将该500元报销了小张的餐费，林某这样做对吗？林某需要了解哪些出纳知识呢？

【知识准备】

现金是流动性和支付性最强的货币性资产，每个单位的现金管理则是出纳工作的重中之重。出纳人员的首要任务就是根据国家现金管理的有关规定和单位内部的现金控制制度，严格管理好本单位现金，正确处理好现金的收、付、存等业务。

现金管理

一、国家现金管理的基本规定

（一）现金的含义

现金是指可以随时用来购买所需物资、支付有关费用、偿还债务和存入银行的货币性资产，在企业资产中流动性最强。现金有广义和狭义之分：狭义上的现金也是会计范畴的现金，是指单位的库存现金，即存放在单位并由出纳人员保管的、作为零星业务开支之用的库存现款，包括人民币现金和各种外币现金；广义上的现金包括库存现金、银行存款和其他视同现金的有价证券等。出纳管理的现金及现金结算方式中的现金是指狭义上的现金。

根据国家现金管理制度和结算制度的规定，每个单位必须按照国务院发布的《现金管理暂行条例》的规定收支和使用现金，加强现金管理，并接受开户银行的监督。

（二）现金管理的内容

现金是流动性最强的资产，具有现实的购买或支付能力，它无须变现即可挥霍使用，因而最容易成为不法分子偷盗、贪污、挪用的对象，所以单位必须严格遵守国家现金管理制度的规定，并接受开户银行对其现金管理的监督检查；同时单位内部也应当加强对现金的管理，把现金结算和现金使用压缩在合理的范围之内。因此，加强现金的日常管理，建立健全现金保管制度，就成为各单位及出纳人员的重要职责和重要工作任务。

现金管理是对现金的收、付、存等环节进行的管理。依据《现金管理暂行条例》，现金的日常管理应包括以下几个方面的内容：

1. 现金收入的管理

收入现金应及时送存银行，企业的现金收入应于当天送存开户银行，确有困难的，应由开户银行确定送存时间。单位收入的现金不得用于直接支付，即不得坐支现金，特殊情况经开户银行审查批准并在核定范围和限额内进行，但收支的现金必须入账。

2. 现金支出的管理

现金支出必须有合法的凭证，现金支出要有凭有据、手续完备，借款必须持有效的借据，不能以“白条”代替借据；严格按照国家规定的开支范围使用现金，结算金额超过起点的，不得使用现金；从银行提取现金时，应如实写明提取现金的用途，由本单位财会部门负责人签字盖章，并经开户银行审查批准后予以支付；因采购地点不确定、交通不便、抢险救灾等特殊原因须使用现金时，应向开户银行提出书面申请，由本单位财会部门负责人签字盖章，并经开户银行审查批准后予以支付。

3. 现金库存的管理

企业库存的现金要实行限额管理和分类管理。

(1)出纳人员每天要对库存的现金进行认真清点，确定现金实有数，一方面对于超过库存限额以外的现金应在下班前送存银行，另一方面便于与现金日记账的账面余额核对，保证账实相符。限额之内的库存现金当日核对清楚后，一律放在保险柜内，不得放在办公桌上过夜。

(2)纸币和铸币应实行分类保管，对库存票币分别按照纸币的票面金额和铸币的币面金额，以及整数(即大数)和零数(即小数)分类保管。

纸币一定要打开铺平存放，并按照纸币的票面金额，以每一百张为一把、每十把为一捆扎好。凡是成把、成捆的纸币即为整数(即大数)，均应放在保险柜内保管，随用随取；凡不成把的纸币视为零数(即小数)，也要按照票面金额，每十张为一扎，分别用曲别针别好，放在传票箱内或抽屉内，一定要存放整齐，秩序井然。

铸币也是按照币面金额，以每一百枚为一卷、每十卷为一捆，同样将成卷、成捆的铸币放在保险柜内保管，随用随取；不成卷的铸币，应按照不同币面金额，分别存放在特别的卡数器内。

4. 现金账目的管理

企业必须建立健全现金账目，包括库存现金总账和库存现金日记账，并安排专人(即出纳)对库存现金进行保管和账目登记，逐笔登记现金收入和支出，做到账目日清月结，账款相符。

现金管理的原则及其他规定

（三）现金管理的原则

根据我国《现金管理暂行条例》规定，现金管理应遵循以下四大原则：

1. 收付合法原则

收付合法原则是指各单位在收付现金时，必须符合国家的有关方针、政策和规章制度。这里所说的合法，有以下两层含义：其一，现金的来源和使用必须合法；其二，现金收付必须在合法的范围内进行。

2. 钱账分管原则

钱账分管原则，即管钱的不管账，管账的不管钱。为保护现金的安全，会计工作岗位要有明确的分工，在财会部门内部建立相互制约和监督的机制。企业应配备专职的出纳人员负责办理现金收付业务和现金保管业务，任何非出纳人员均不得经管现金，这样便于相互核对账面，防止贪污盗窃和错账差款的发生。

经管现金的出纳人员不得兼管收入、支出、债权债务账簿的登记工作，以及稽核工作和会计档案保管工作。

经管收入、支出、债权债务账簿登记工作的会计人员，不得兼管出纳账簿登记工作、现金的收付工作和现金的保管工作。

3. 收付两清原则

为了避免在现金收付过程中发生差错，现金收付时要做到复核。无论何种状况，出纳人员都要做到收付款当面点清，对来财会部门取交现金的人员，要督促他们当面点清，如有差错当面解决，以保证收付两清。

4. 日清月结原则

日清月结原则是指出纳人员必须对每天发生的现金收付业务进行清理，全部记入现金日记账，结出每天的库存现金账面余额，并与库存现金的实有数额相核对，保证账实相符。现金日记账每月至少结一次账，业务多的可几天或半月定期结一次账，并与其他有关账面核对，看账账是否相符。

（四）国家现金管理的基本规定

作为企业中流动性最强的一种货币性资产，现金是可以立即投入流通的交换媒介，现金的管理是由开户银行和各使用单位共同完成的。根据国家现金结算制度的规定，各单位收支的各种款项，必须按照国务院颁布的《现金管理暂行条例》的规定办理，在规定的范围内使用现金。开户银行和各使用单位加强对现金管理，应该遵循以下基本要求：

1.现金使用范围的规定

(1)职工工资、津贴。这里所说的职工工资,是指企业、事业单位和机关、团体、部队支付给职工的工资和工资性津贴。

(2)个人劳务报酬。这是指由于个人向企业、事业单位和机关、团体、部队等提供劳务而由企业、事业单位和机关、团体、部队等向个人支付的劳务报酬。它包括新闻出版单位支付给作者的稿费,各种学校、培训机构支付给外聘教师的讲课费,以及设计费、装潢费、安装费、制图费、化验费、测试费、咨询费、医疗费、技术服务费、介绍服务费、经纪服务费、代办服务费、各种演出与表演费及其他劳务费用。

(3)根据国家制定的规定、条例,颁发给个人的科学技术、文化艺术、体育等方面的各种奖金。

(4)各种劳保、福利费用以及国家规定的对个人的其他支出,如退休金、抚恤金、学生助学金、职工困难生活补助。

(5)收购单位向个人收购农副产品和其他物资的价款,如金银、工艺品、废旧物资的价款。

(6)出差人员必须随身携带的差旅费。

(7)结算起点(1 000 元)以下的零星支出。超过结算起点的应实行银行转账结算,结算起点的调整由中国人民银行确定,报国务院备案。

(8)中国人民银行确定需要现金支付的其他支出。如因采购地点不确定、交通不便、抢险救灾以及其他特殊情况办理转账结算不够方便,必须使用现金的支出。对于这类支出,现金支取单位应向开户银行提出书面申请,由本单位财会部门负责人签字盖章,开户银行审查批准后予以支付现金。

除上述(5)和(6)两项外,其他各项在支付给个人的款项中,支付现金每人不得超过 1 000 元,超过限额的部分根据提款人的要求,在指定的银行转存为储蓄存款或以支票、银行本票予以支付。企业与其他单位的经济往来,除规定的范围可以使用现金外,应当通过开户银行进行转账结算。

2.企事业单位库存现金限额的规定

库存现金限额的规定

(1)库存现金限额的含义。库存现金限额是指为保证各单位日常零星支付需要,按规定允许留存的现金的最高数额。核定单位库存现金限额的原则是:既要保证单位日常零星现金支付的合理需要,又要尽量减少现金的使用。

(2)库存现金限额的核定管理。为了严格现金管理,保证各单位及时支付日常零星开支,《现金管理暂行条例》及其实施细则规定,库存现金限额由开户银行和开户单位根据具体情况商定。凡在银行开户的单位,银行根据实际需要核定3～5天的日常零星开支数额作为该单位的库存现金限额。边远地区和交通不便地区的开户单位,其库存现金限额的核定天数可适当放宽在5天以上,但最多不得超过15天的日常零星开支的需要量。

按照规定,库存现金限额每年核定一次。其核定程序如下:

首先,由开户单位与开户银行协商核定库存现金限额,公式为:

库存现金限额＝每日零星支出额×核定天数

每日零星支出额＝年现金正常支出总额÷年平均天数

其次,由开户单位填写"库存现金限额申请批准书",其基本格式如图3—1所示。

库存现金限额申请批准书

申请单位:××单位　　　　单位:元

开户银行:××银行　　　　账号:

每日必须保留现金支付项目	保留现金的原因	申请金额	批准金额	备注
工资薪金	每年预计支付现金工资薪金360 000元	5 000	4 800	
材料采购	每年预计零星采购材料物资支付现金288 000元	4 000	3 800	
差旅费	每年预计借支差旅费180 000元	2 500	2 500	
其他零星开支	其他零星现金开支每年216 000元	3 000	2 900	
合计	与银行商定现金保留5天	14 500	14 000	

图3—1　库存现金限额申请批准书

库存现金限额计算如下:

工资薪金需用现金＝(360 000÷360)×5＝5 000(元)

零星材料采购需用现金＝(288 000÷360)×5＝4 000(元)

差旅费需用现金＝(180 000÷360)×5＝2 500(元)

其他零星需用现金＝(216 000÷360)×5＝3 000(元)

合计＝5 000＋4 000＋2 500＋3 000＝14 500(元)

最后,开户单位将"库存现金限额申请批准书"报送单位主管部门,经主管部门签署意见后,再报开户银行审查批准。开户单位凭开户银行批准的限额数作为库存现金限额。上例中,开户银行批准的库存现金限额为14 000元。

3. 现金管理的“八不准”规定

(1)不准用不符合财务制度的凭证顶替库存现金。

(2)不准谎报用途套取现金。

(3)不准单位间相互借用现金。

(4)不准利用银行账户代其他单位和个人存入或支取现金。

(5)不准将单位收入的现金以个人储蓄名义存入银行。

(6)不准保留账外公款(即小金库)。

(7)不准发行变相货币。

(8)不准以任何票券代替人民币在市场上流通。

开户单位如有违反现金管理“八不准”的情况之一的,开户银行应当按照《现金管理暂行条例》的规定,有权责令其停止违法活动,并根据情节轻重给予警告或罚款。

4. 其他规定

(1)各单位实行收支两条线,不准坐支现金。各单位现金收入应于当日送存银行,当日送存确有困难的,由开户银行确定送存时间。开户单位支付现金可以从本单位的现金库存中支付或者从开户银行提取,但不得从本单位的现金收入中直接支出,也就是不允许坐支。因特殊情况确实需要坐支现金的,应当事先报经开户银行审查批准,由开户银行核定坐支的范围和限额。企业应定期向银行报送坐支金额和使用情况。

(2)各单位的外地采购业务,如因采购地点不确定、交通不便、生产或市场急需、抢险救灾以及其他特殊原因必须使用现金的,应由本单位财会部门负责人签字盖章,向开户银行申请审批,开户银行审查同意并开具有关证明后便可携带现金到外地采购。

(3)企业送存现金和提取现金,必须注明送存现金的来源和支取的用途。

(4)配备专职出纳人员管理现金,建立健全现金账目,逐日逐笔登记现金收付业务。做到日清月结,不准保留账外公款,不准私设“小金库”。

(五)现金管理制度

现金管理制度

遵循现金管理基本原则,加强库存现金的日常管理,按照现金管理的基本要求进行现金收支活动,是通过建立健全现金管理制度来完成的。

现金管理制度一般包括现金支付流程制度、现金开支审批制度、日清月结制度、现金清查制度、现金保管制度、保险柜的配备使用制度等几个方面的内容。下面主要介绍前四项制度。

1. 现金支付流程制度

各单位应当按照规定办理现金支付业务，按照申请、审批、复核、支付的过程办理货币资金的支付业务。

(1)支付申请。单位有关部门和个人用款时要提前向审批人提交申请，注明请款用途、金额、预算等内容，并附有效的证明文件。

(2)支付审批。审批人在授权的职责、权限范围内对支付申请进行审批，对不符合规定的支付申请，审批人要拒绝批准。

(3)支付复核。复核人对批准后的货币资金支付申请进行复核，内容包括申请批准的程序与权限是否正确、手续与相关单证是否齐备、金额计算是否准确等，复核无误后交给出纳人员办理支付手续。

(4)办理支付。出纳人员根据复核无误的申请，按规定办理货币资金的支付手续，及时登记现金日记账。

2. 现金开支审批制度

各单位应按照《现金管理暂行条例》及其实施细则规定的现金开支范围，并根据本单位的生产经营管理实际、现金收付业务的繁简以及现金开支的额度等，建立健全现金开支审批制度，以加强现金开支的日常管理。现金开支审批制度一般应包括以下内容：

(1)明确本单位现金开支范围。各单位应按照《现金管理暂行条例》及其实施细则的规定，确定本单位的现金开支范围。

(2)制定各种报销凭证，规定报销手续和办法。

(3)确定各种现金支出的审批权限。各单位应根据其经营规模、内部职责分工等，确定不同额度和不同的现金支出审批权限。出纳员根据按规定权限审核批准并签章的付款凭证及其所附原始凭证，办理现金付款业务。没有经过审核批准并签章的或者有关人员超越规定权限审批的，出纳员不予付款。

3. 日清月结制度

日清月结是出纳员办理现金出纳工作的基本原则和要求，也是避免出现长、短款的重要措施。所谓日清月结，就是出纳员办理现金出纳业务，必须做到按日清理、按月结账。

这里所说的按日清理，是指出纳员应对当日的经济业务进行清理，全部登记日记账，结出库存现金账面余额，并与库存现金实地盘点数核对相符。按日清理包括以下内容：

(1)清理各种现金收付款凭证，检查单证是否相符，也就是说，各种收付款凭证所填写的内容与所附原始凭证反映的内容是否一致；同时，还要检查每张单证是否已经盖齐"现金收讫""现金付讫"的戳记。

(2)登记和清理日记账。将当日发生的所有现金收付业务全部登记入账，并在此基础上检查账证是否相符，即现金日记账所登记的内容、金额与收付款凭证的内容、金额是否一致。清理完毕后，结出现金日记账的当日库存现金账面余额。

(3)现金盘点。出纳员应按券别分别清点其数量，然后加总，即可得出当日现金的实存数。将盘点得出的实存数与账面余额进行核对，看两者是否相符。

(4)检查库存现金是否超过规定的现金限额。如果实际库存现金超过规定库存限额，出纳员则应将超过部分及时送存银行；如果实际库存现金低于规定库存限额，则应及时补提现金。

4. 现金清查制度

在出纳员自身对库存现金进行检查、清查的基础上，为了加强对出纳工作的监督，及时发现可能发生的现金差错或丢失，防止贪污、盗窃、挪用公款等不法行为的发生，确保库存现金安全完整，各单位应建立库存现金清查制度，由有关领导和专业人员组成清查小组，定期或不定期地对库存现金情况进行清查盘点，重点应放在账款是否相符、有无白条抵库、有无私借公款、有无挪用公款、有无账外资金等违纪违法行为上。

一般来说，现金清查多采用突击盘点方法。不预先通知出纳员，盘点时间在一天业务没有开始之前或一天业务结束后，由出纳员将截至清查时现金收付账项全部登记入账，并结出账面余额，然后与实际盘点的现金余额核对。

二、单位内部现金控制的基本内容

由于现金具有被盗和被挪用的巨大风险，为此，单位需建立完善的现金内部会计控制系统，从事前、事中、事后进行控制，以防有关人员利用职务之便贪污、挪用现金或被不法分子盗窃，达到避免风险、防范错弊、保证现金安全的目的。

(一)现金的授权批准制度

1. 设置专职出纳人员管理现金

(1)单位应当委派专职的出纳人员负责现金的收入、支出和保管，其他人未经授权一律不能经管现金，并限制他人接近现金；如出纳人员确实因故需要暂时离开岗位时，必须由总会计师或财务部负责人指派他人代管，但是必须办理交接手续。

(2)负责经办现金的出纳人员除登记现金日记账和银行存款日记账外，不得兼管总分类账和明细分类账的登记工作。

2. 建立严格的现金授权批准制度

每个单位都必须建立严格的现金授权批准制度，保证审批人员在授权范围内行使职权，进行审批。

（1）明确审批人对现金业务的授权批准方式、权限、程序、责任和相关控制措施。审批人应当根据现金授权批准制度的规定，在授权范围内进行审批，不得超越审批权限。

（2）规定经办人办理现金业务的职责范围和工作要求。经办人应当在职责范围内，按照审批人的批准意见办理现金业务。对于审批人超越授权范围审批的现金业务，出纳人员有权拒绝办理，并及时向单位领导报告。

（3）制定科学合理的现金业务处理程序，严格按照“申请、审批、复核、支付”的程序办理现金的支付业务，并及时、准确入账。

（4）建立严密的稽核制度。单位每一笔现金的收入或付出，都必须经过出纳人员认真审核，审查手续是否完备、数字是否正确、内容是否合理合法。

（5）建立严格的手续制度，确保每项现金的收付都如实地填制或取得合理合法的原始凭证，且经过审核无误后据此来编制记账凭证，最后按照审核无误的记账凭证登记会计账簿。

（6）建立严格的现金盘点核对制度，对现金定期或不定期进行盘点清查，做到账实相符；定期或不定期进行现金日记账与现金总账的核对，做到账账相符。

（7）严格按照《现金管理暂行条例》及国家其他有关现金管理的具体规定开展现金的收、付、存等工作。

（二）加强现金保管控制

（1）统一单位的现金库存保管，在单位财务部设置出纳室，由财务部出纳员直接保管库存现金，单位内部所有的下属单位、部门和个人一律不得存放现金。

（2）库存现金不准超过库存限额，超过库存限额的部分，出纳人员应在当日下班前送存银行，如因特殊原因滞留超过限额的现金在单位过夜的，必须经有关领导批准，并做好保管工作。

（3）库存现金必须当日核对清楚，保持账款相符，如发生长、短款问题，必须及时向财务部负责人或单位领导汇报，查明原因并按“财产损溢处理办法”进行处理，不得擅自将长、短款相互抵补。

（4）为保证现金的安全，除工作时需要的少量备用金可以放在出纳员的抽屉内之外，其余部分应该放入出纳专用的保险柜内，不得随意存放。

(5)单位的库存现金不得以任何个人名义存入银行,防止有关人员利用公款私存获取利息收入,也防止有人利用公款私存形成小金库。

(6)单位保管现金的地方要有安全防范措施,门要安装保险锁,配备专门的保险柜进行现金的保管,同时保管有价证券和票据。出纳人员下班时要检查窗户、保险柜,门锁好后,方能离开。

(7)单位应当定期或不定期地进行现金盘点,编制"现金盘点表",如图 3－2 所示,确保现金账面余额与实际库存相符。如发现不符,应及时查明原因,作出处理。

现金盘点表

单位名称:　　　　　　　　年　月　日　　　　　　　　金额单位:元

<table>
<tr><th rowspan="2">账面金额</th><th colspan="2">库存金额</th><th colspan="2">清查结果</th><th rowspan="2">问题说明</th></tr>
<tr><th>面额</th><th>金额</th><th>盘盈</th><th>盘亏</th></tr>
<tr><td rowspan="2"></td><td>100 元
50 元
20 元
10 元
5 元
1 元
角</td><td></td><td rowspan="2"></td><td rowspan="2"></td><td rowspan="2"></td></tr>
<tr><td>合计</td><td></td></tr>
<tr><td colspan="4" rowspan="2">处理意见:</td><td>领导签字</td><td></td></tr>
<tr><td>出纳签字</td><td></td></tr>
<tr><td colspan="6">备　注:</td></tr>
</table>

盘点人:　　　　　　　　监点人:　　　　　　　　出纳:

图 3－2　现金盘点表

(三)确定本单位现金的支出范围和使用规定

每个单位应当根据《现金管理暂行条例》的规定,结合本单位实际情况,确定本单位现金的支出范围和使用规定。

1. 零星支出现金的范围

(1)单位之间的经济往来,有银行存款账户的单位结算金额在 1 000 元以下的零星支出,可以使用现金结算,超过该限额的,均通过银行转账结算。

(2)下列范围不受 1 000 元以内限额的约束:职工工资、奖金和津贴;个人的劳务报酬;出差人员必须携带的差旅费;招待协作单位的费用等。

2. 不得坐支现金

单位应当严格遵守不得坐支现金的规定，即单位的现金收入应当及时存入银行，不得用于直接支付单位自身的支出。因特殊情况需坐支现金的，应报单位领导并经开户银行同意。

3. 单位支出款项必须执行严格的授权批准程序

单位支出款项必须执行严格的授权批准程序，一律经授权的负责人批准，严禁擅自挪用、借出现金；每笔现金的支出事先经过审核批准，并在规定的现金使用范围内用于预定的开支项目。

4. 提取或存入现金的安全防范

为了确保现金的安全，单位向银行提取或存入现金，应当配备两名人员同行。提取工资、奖金等大额现金时，还应由保安协助，并采取相应的安全措施。一般来讲，保证工资、奖金等大额现金最安全的做法是，当天从银行提取并当天发放，减少大量现金在单位存放的机会。

（四）现金借款程序

单位的各部门或员工需要借用现金，首先要由经办人填写“借款单”，说明借款的金额、用途和归还期限，并由该部门负责人签字盖章；然后交由主办会计审核；再送财务部负责人或单位领导签字；最后由出纳人员按照批准后的“借款单”借出现金款项，并将“借款单”及时传递给会计人员进行账务处理（作其他应收款）。

如果借款单位或借款人没有按期归还借款，单位必须迅速追回款项，并视具体情况进行处理。

（五）现金报销程序

1. 一般费用的报销程序

（1）各部门或下属单位的经办人填写各项费用报销单，并由该部门或单位负责人签字盖章。

（2）由会计人员对报销单所附各项原始凭证的真实性、完整性、合法性和合规性进行审核后签字盖章。

（3）按授权批准权限对报销单进行批准控制，一般情况下，都必须由单位的两位负责人联签批准。

（4）出纳人员根据上述审核批准后的报销单报销，支付现金或收回多余现金并开出收据。

（5）各部门或下属单位报销金额在一定数额（各个单位自行规定）以上时，应当提前一天向单位出纳人员预约；否则，不予报销。

2. 单位职工差旅费报销程序

一般情况下，职工出差归来，应当在规定的时间内报销差旅费，逾期报销必须说明理由并由单位领导批准。

（1）由出差职工填写差旅费报销单，并附上批准出差的文件和出差的各种有效会计凭证。

（2）由会计主管对报销单所附各项原始凭证的真实性、完整性、合法性和合规性进行审核后签字盖章。

（3）由财务部负责人和单位领导批准并签字盖章。

（4）出纳人员根据上述审核无误的报销单进行报销，收回差旅费借支款，支付现金或收回多余现金。

（六）现金结算纪律

1. 现金收入结算规定

（1）单位的各种现金收入必须由出纳人员收取，其他人员一律不得收取现金。在特殊情况下，比如出纳人员不在，经单位领导批准，相关人员可暂时代出纳人员收取现金，但是必须及时（当天或者第二天）将现金转交出纳人员。

（2）出纳人员收取现金时，必须开具单位认定的合法收据，一手收钱，一手开出现金收据。收据一式三联：第一联为存根；第二联为发票，交付款人；第三联为记账联，收到现金后在记账联加盖“现金收讫”戳记，并在收款的当天（至迟在收款第二天）将记账联传递到会计核算岗位进行会计核算。如果不开收据而收款，视同贪污票款；如果不及时传递记账联，视同挪用现金处理。

（3）出纳人员每天收取的现金，必须送存银行，不得坐支。

2. 现金支出结算规定

（1）出纳人员办理现金支出业务，必须以经过审核无误的会计凭证作为付款依据。付款以后，在付款凭证上加盖“现金付讫”戳记；未经审核的凭证，出纳人员有权拒付。对于违反财经政策、财经法规、单位内部管理制度的规定以及手续不全的开支一律拒收、拒付，对于涂改过的发票一律不予受理。

（2）不准以白条等不符合规定要求的凭证抵充库存现金，代收、代付款必须按规定入账，不能保留账外现金。

（3）发现伪造凭证的数字，虚报冒领款项，出纳人员除拒付现金之外，应及时报告有关领导。

（4）现金收付款凭证和现金日记账必须做到“手续完备、凭证齐全、会计处理、账户登记”，要求准确及时、日清月结，库存现金账实相符。

3. 编制现金收支报告

（1）出纳人员每日下班前完成如图3—3所示“现金收付日报表”的编制，并呈报单位领导。

现金收付日报表

单位名称：　　　　　　　　年　月　日　　　　　　　金额单位：元

项目	现金	银行存款	货币资金合计	备注
上日结存				
当日收入				
当日付出				
本日结存				

主管：　　　　会计：　　　　　　　　出纳：

图 3—3　现金收付日报表

(2)出纳人员定期编制“现金收付周(或旬)报表”“现金收付月报表”。这些报表的格式与图 3—3 基本相同，只需将时间换为某期间即可。

【任务实施】

某市宏大有限公司(开户行:恒丰银行牟平支行,账号:853540040122100209)向银行申请库存现金限额。预计每年现金支付职工薪酬 36 000 元，零星材料采购现金支出 9 000 元，其他现金支出 18 000 元，库存限额保证天数 3 天，企业无日常非零星现金支出项目。出纳员到开户银行办理库存现金限额核定手续。

1. 请分别计算各项目限额：(1)职工薪酬需用现金；(2)零星材料采购需用现金；(3)其他支出需用现金。

2. 请填写“库存现金限额申请书”，完成表 3—1。

表 3—1　　　　　　　　库存现金限额申请书

申请单位：　　　　　　　　　　　　　　单位：

开户银行：　　　　　　　　　　　　　　账号：

<table>
<tr><td>每日必须保留现金支付项目</td><td>保留现金支出理由</td><td>申请金额</td><td>批准金额</td><td>备注</td></tr>
<tr><td>职工薪酬</td><td></td><td></td><td></td><td></td></tr>
<tr><td>材料采购</td><td></td><td></td><td></td><td></td></tr>
<tr><td>其他支出</td><td></td><td></td><td></td><td></td></tr>
<tr><td>合　计</td><td></td><td></td><td></td><td></td></tr>
<tr><td>申请单位：
盖章
年　月　日</td><td>开户银行：
盖章
年　月　日</td><td colspan="3">主管部门意见：
盖章
年　月　日</td></tr>
</table>

任务二　现金收入业务

【任务引入】

某日，光华公司向永成公司销售了一批装订机，收到现金936元，光华公司的出纳员林某应该如何处理呢？他需要具备哪些出纳知识？

【知识准备】

现金收入业务的原始凭证

一、现金收入业务的原始凭证

在办理现金收款业务时，不同的单位会涉及多种原始凭证，原始凭证包括以下几种：

(一)发票

发票是指企业、事业单位在购销商品、提供和接受劳务以及从事其他经营活动中开具的票据。它是进行会计核算的原始凭证，也是税务机关进行税务稽查的重要依据。在经济活动中，发票是一切企事业单位、个人销售商品和提供劳务以及其他业务活动取得收入时填开给对方的合法凭证。

1.增值税专用发票

增值税专用发票是由国家税务总局设计印制的，是指按照税法规定应当缴纳增值税的企业和个人在销售或进口货物、提供应税劳务和服务时向购买方或接受劳务方开具的发票，是计算和缴纳增值税税款的基础和前提。增值税专用发票不仅是纳税人经济活动中的重要会计凭证，也是销货方纳税义务和购货方进项税额的合法证明。

增值税专用发票为一式三联：第一联为记账联，是销售方销售的记账凭证；第二联为抵扣联，是购买方的扣税凭证；第三联为发票联，是购买方付款的记账凭证。增值税专用发票的格式如图3—4所示。

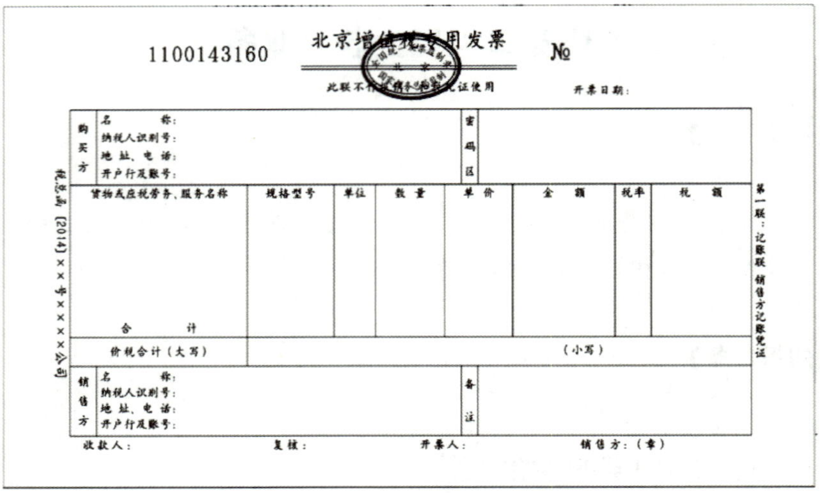
1100143160　北京增值税专用发票　№
此联不作报销、扣税凭证使用　开票日期：

购买方	名称： 纳税人识别号： 地址、电话： 开户行及账号：	密码区

货物或应税劳务、服务名称	规格型号	单位	数量	单价	金额	税率	税额
合计							
价税合计（大写）					（小写）		

销售方	名称： 纳税人识别号： 地址、电话： 开户行及账号：	备注

收款人：　复核：　开票人：　销售方：（章）

税总函[2014]××号××××公司

第一联：记账联 销售方记账凭证

图 3—4　增值税专用发票

增值税专用发票的具体填写方法：

(1)购买方。各项信息填写如下：

名称：填写购买方的全称。

纳税人识别号：按照购买方提供的营业执照（副本）的统一社会信用代码填写。

地址、开户行及账号：均要根据购买方的实际情况正确填写。

(2)单价。应填写不含税单价，如单价为含税价格，应按照“不含税单价＝含税单价÷(1＋税率)”的公式进行转化。

(3)税额。按照“增值税税额＝销售额×税率”的公式计算。

(4)价税合计。要求将应税收入与增值税税额合并计算填列。

(5)销售方。按照销售方的基本信息正确填写。

2. 普通发票

普通发票是由增值税小规模纳税人及增值税一般纳税人在不能开具专用发票情况下使用的发票，包括行业发票和专用发票。前者适用于某个行业的经营业务，如商业零售统一发票、商业批发统一发票、工业企业产品销售统一发票等；后者适用于某个经营项目，如广告费用结算发票、商品房销售发票等。

(二)收据

收据分为非经营性收据和内部收据。

1. 非经营性收据

非经营性收据是指国家机关、事业单位等按规定收取相关费用和咨询服务费所开具的收据。非经营性收据由国家财政部门统一印制或加盖监制章，国家机关、事业单位在按规定收取各种费用时必须开具非经营性收据。非经营性收据的格式如图 3－5 所示。

辽财会帐证 49 号　　辽宁省财政厅监制 ★ 专用收款收据

专用收款收据

收款日期　　年　　月　　日　　0027202

付款单位（交款人）		收款单位（领款人）		收款项目	
人民币（大写）		千 百 十 万 千 百 十 元 角 分		结算方式	
收款事由		经办	部门		
			人员		
上述款项照数收讫无误。 收款单位财会专用章： （领款人签章）	会计主管	稽　核	出　纳	交款人	

第三联　给付款单位做收据

使用规定：1. 本收据只做非经营性专用收款收据，不能代替发票使用。2. 结算方式按现金、转账、付委、信汇、电汇、托收承付、托收无承付等方式分别填列。3. 本收据一式三联复写，不得涂改；如写错，不得撕掉要保留备查。

图 3—5　专用收款收据(非经营性收据)

2. 内部收据

内部收据一般用于单位内部职能部门或职工之间的现金往来以及与外部单位和个人之间的非经营性资金往来，如职工向单位交纳的水电费、房租等。内部收据一般由单位根据自己的需要设计印制或商店购买，无须到税务部门领购。需要注意的是，企业支付款项收到内部收据，内部收据不可以进行账务处理，必须取得正式收据，否则视为“白条”。内部收据的格式如图 3－6 所示。

收　据　№

入账日期:　　年　　月　　日

今收到____________________

金额（大写）　拾　万　仟　佰　拾　元　角　分

收款事由____________________

¥________　　收款单位（盖章）

一存根(白)　二交款客(红)

核准:　　会计:　　记账:　　出纳:　　经手人:

图 3—6　内部收据

收款收据一般为三联套写：第一联为存根；第二联为交款人回执，需加盖财务专用章；第三联为本单位记账依据，需加盖财务专用章、现金收讫章。

二、现金收入业务处理程序

现金收入业务是各单位在其生产经营和非生产经营活动中取得现金的业务。其内容包括销售商品、提供劳务而取得现金的业务，提供非经营性服务而取得收入的业务以及其他罚没收入，还包括单位内部现金往来的收入项目等。现金收入按照其性质不同，可以分为以下几种类型：(1)业务收入。指收取不能转账的单位或个人的销售收入，如企业的零星营业收入、单位主营业务收入、服务行业的劳务收入、机关团体的拨款收入等。(2)非业务收入。如单位的投资收入、营业外收入、其他收入等。(3)预收现金款项。如企业按照合同规定预收的定金等。(4)其他收入现金款项。如单位或职工交回的差旅费剩余款、赔偿款、备用金退回款、接受捐赠或赞助、不足转账起点(1 000 元)的小额收入等。

现金收入业务工作流程如图 3—7 所示。

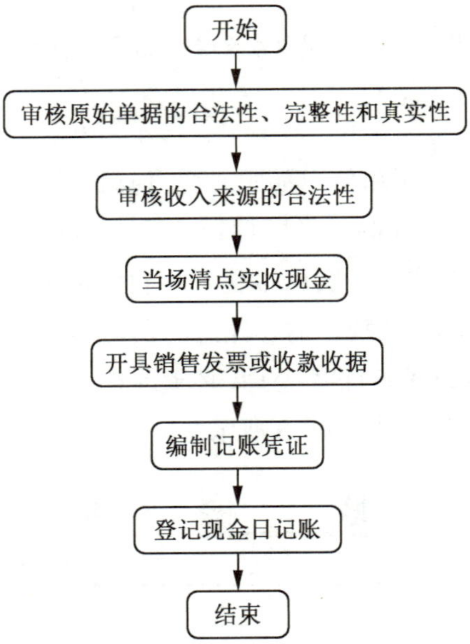

图 3—7　现金收入业务工作流程

(一)出纳人员直接收款的程序

直接收款业务，是指由交款人直接持现金到出纳部门交款，出纳人员根据有关的收款原始凭证，办理收取现金的事项，如购货单位交来货款、职工交回欠款和多余款项等。出纳人员在办理这些业务时的基本程序是：

(1)受理收款业务，查看收款依据是否真实、完整。

(2)审核现金来源是否合理合法,手续是否完备。

(3)与付款人当面清点现金,保证收款依据与收款金额一致,做到收付两清,一笔一清。

(4)开具收款收据,并在收款收据上加盖现金收讫章。

(5)根据收款凭证和收款收据登记现金日记账。

(二)出纳人员从银行提取现金的业务办理

(1)填写现金支票。单位需要提取现金时,一般由出纳人员填写现金支票到银行提取现金。现金支票的填写要求很严格:必须使用碳素墨水或蓝黑墨水,用钢笔填写,书写要认真,不能潦草。签发日期应填写实际出票日期;收款人名称填写应与预留印鉴名称保持一致;金额必须按规定填写,金额如有错误,不能更改,应作废重填;用途栏要填写真实用途,不得弄虚作假;签章必须与银行预留印鉴相符;支票背面要有取款单位或取款人背书。

(2)向开户银行提交取款凭证。取款人持现金支票到开户银行后,向开户银行会计窗口提交现金支票,银行核对无误后付现金。

(3)取款人收取现金后,应根据取款数额认真清点、确认无误后才能离开。

(4)取回现金后,应及时将现金存入保险柜。

(5)根据收款凭证和收款依据登记现金日记账。

(三)其他人收款后交出纳人员的处理程序

在商品流通企业以及餐饮、旅游服务业等大量行业中,由于收款业务较为频繁,一般都由营业员分散收款或由收款员集中收款后,每天定时向出纳人员缴款。其现金收入业务处理的一般程序是:

(1)受理收款业务,查看收款依据是否齐备。

(2)根据收款依据来确定应收金额。

(3)根据收款金额来收取现金。与付款人当面清点现金,保证收款依据与收款金额一致。

(4)收取现金后开具收款收据,并在收款收据上加盖现金收讫章。

(5)根据收款凭证和收款收据登记现金日记账。

三、现金收入业务的管理

现金收入业务的管理就是要求各单位现金收入要合法,而且现金结算收入都应送存银行,需要现金支出的,一律从银行提取,不得任意坐支。现金收入业务的管理主要包括以下几个方面的内容:

(1)企业应按规定编制现金收入计划,并按计划组织现金收入活动。

(2)现金来源必须合理合法。单位的现金收入有多种来源，无论哪种来源都必须符合有关规定和实际需要。不能乱列开支项目提取现金，或出售商品金额在结算起点以上的拒收银行结算凭证，而收取现金或按一定比例搭配收取现金。单位在国家规定的使用范围和限额内要使用现金，应从开户银行提取，提取时应写明用途，由本单位财务部门负责人签字或盖章，经开户银行审核后予以支付，不得编造用途套取现金等。

(3)收入现金必须坚持先收款后开收据。为了防止差错和纠纷，单位一切现金收入都应开具收款收据，并且做到先收款后开收据，即使有些现金收入已有对方付款凭证，也应开出收据交付款人，以明确经济职责；收入现金签发收据与经手收款，按要求也应当分开，由两个经办人分工办理，如销货收入应由经销人员负责填制发票单据，出纳人员据以收款，以防差错与作弊。当面清点现金数额，经复点无误后，再开给交款人收款收据，不能先开收据后收款。几笔收款或几笔付款不能一起办理，应一笔一清。严禁收款不开收款收据，收款与开收据应在同一时间内完成，不准收款后过一段时间再开收据。对收入现金的收款收据应加盖“现金收讫”戳记。

(4)一切现金收入必须当天入账，当天送存银行。《现金管理暂行条例》第十一条第(一)款明确规定：“开户单位现金收入应于当日送存开户银行。当日送存确有困难的，由开户银行确定送存时间。”各单位收入的现金超过库存限额时，也应将超过限额的现金及时送存银行。及时送存一般是指当日送存，若有的单位离开户银行较远，交通不便，可由开户银行确定送存时间。如果收进的现金是开户银行当天停止收款以后发生的，也应在第二天送存银行。

【任务实施】

1. 企业发生的下列经济业务中(见表 3—2)，哪些属于现金收入，哪些不属于？

表 3—2　　企业经济业务

序号	经济业务	是否属于现金收入
1	银行汇票转账结算取得的销售收入	
2	销售商品取得的现金收入	
3	提供劳务取得的收入	
4	出差人员报销差旅费退回的多余款项	

2. 2022 年 4 月 1 日，出纳人员林华收到客户上交的当日购买本企业零星配件的现金购货款，客户信息、本企业信息和购买信息具体如下：

客户信息：

企业名称：杭州宏远有限责任公司

开户行及账号：工行杭州凤起支行　180100112201016

地址：杭州建国南路 329 号

电话：0571－97854668

统一社会信用代码：320120200223789113

本企业信息：

企业名称：杭州光华有限责任公司

开户行及账号：工行杭州庆春支行　33011190903481

地址：杭州中山南路 264 号

电话：0571－86738187

统一社会信用代码：320122488233912311

购买信息：

购买甲产品 X 型号 60 件，单价 100 元，税率 16%。

请据此开具销售发票，完成表 3—3。

表 3—3　　　　　　　　增值税专用发票　　　　　　　　No 10991860

记 账 联　　　　开票日期：　年　月　日

<table>
<tr><td>购货单位</td><td colspan="4">名　　称：
纳税人识别号：
地 址 、电 话：
开户行及账户：</td><td>密码区</td><td colspan="3"></td></tr>
<tr><td colspan="2">货物或应税劳务名称</td><td>规格型号</td><td>单位</td><td>数量</td><td>单价</td><td>金额</td><td>税率</td><td>税额</td></tr>
<tr><td colspan="2">
合计</td><td></td><td></td><td></td><td></td><td></td><td></td><td></td></tr>
<tr><td colspan="2">价税合计(大写)</td><td colspan="7">（小写）</td></tr>
<tr><td>销货单位</td><td colspan="4">名　　称：
纳税人识别号：
地 址 、电 话：
开户行及账户：</td><td>备注</td><td colspan="3"></td></tr>
</table>

第一联：记账联　销货方记账凭证

收款人：　　　复核人：　　　开票人：　　　销货单位：(章)

任务三　现金支出业务

【任务引入】

某日，永成公司向光华公司购买了一批装订机，支付现金936元，永成公司的出纳员张某应该如何处理呢？他需要具备哪些出纳知识？

【知识准备】

现金支付业务的内容

一、现金支付业务的内容

现金支付可分为主动支付和被动支付两种业务。主动支付是指出纳部门和人员主动将现金给收款单位和个人，如发放工资、奖金、津贴和福利等工薪类支出；被动支付是收款单位或个人持有关凭据到出纳部门领报现金，如费用报销、借款等。具体来讲，现金支付业务可以归纳为以下几种情况：工资及福利性支出、费用的报销、备用金的预借与报销、向有关人员支付劳务费、向职工发放非工资性资金等。

(一)工资及福利性支出

工资及福利性支出是按照国家有关规定计算的工资总额，应包括计时或计件工资、奖金、津贴、补贴、加班加点工资以及福利性支出。出纳人员应根据有关资料编制付款单，计算实发工资额，及时将现金支票和工资表送交银行。

(二)费用的报销

1.差旅费的报销

单位工作人员因公出差需借支差旅费，应先到财务部门领取并填写借款单，按照借款单所列内容填写完整，然后送所在部门领导和有关部门人员审查签字。出纳人员根据自己的职权范围，审核无误后给予现金支付。出差人员回来后，应持各种原始凭证至出纳人员处报销，出纳人员要熟知差旅费的开支范围、标准和报销程序：出差人员应先到财务部门领取报销单，将有关原始凭证，如车船票、住宿发票、餐费票等分类粘贴在报销单据背后，经所在部门领导审核签字后，送财务部门，由出纳人员根据相关规定，审核后予以报销。

2.零星费用的报销

各单位内部有关人员进行零星物品采购或单位职工支付医药费等

费用，可持原始凭证到出纳处，出纳人员认真审核这些开支是否符合各种规定、是否由有关人员或部门批准后予以报销。出纳人员依据批准报销的金额支付现金，在原始凭证上加盖现金付讫章，并及时登记日记账。

（三）备用金的预借与报销

备用金是指付给单位内部各部门或工作人员用于零星开支、零星采购、信贷找零或差旅费用的款项。

备用金按备用形式，可分为定额备用金和非定额备用金两种。定额备用金是指对用款单位先核定发放其定额备用金，今后报销费用时直接记入费用账户，补足其定额，其特点是一次领用、定期报销、简化核算、补足定额。非定额备用金是指用款单位根据实际需要向财会部门借款，凭各种支付凭证向财会部门报销时，作为冲减备用金处理。如需再用，则要重新办理借款手续。这种方法适用于预借差旅费等备用金的管理。

1. 备用金的预借

单位内部人员需领用备用金时，一般由经办人填写借款单据。借款单据可采用一式三联式凭证：第一联为付款凭证，作为财务部门的记账依据；第二联为结算凭证，借款期间由出纳人员留存，报销时作为核对依据，报销后随同报销单据作为记账凭证的附件；第三联交借款人员保存，报销时由出纳人员签字后作为借款结算及时交回借款的收据。

2. 备用金的报销

实行定额备用金的单位，其部门或工作人员应该按核定的定额填写借款凭证，一次性领出全部定额，使用后凭发票等有关凭证报销，出纳人员将报销金额补充原定额，从而保证该部门或工作人员经常保持核定的现金定额。只有等到期终、撤销定额备用金或调换经办人时，才全部交回备用金。

采用非定额备用金的单位，根据每次业务所需备用金的数额填制借款凭证，向出纳人员预借现金，使用后凭发票等原始凭证一次性到财务部门报销，多退少补，一次结清，下次再用时重新办理借款手续。

（四）向有关人员支付劳务费

各单位接受其他单位和个人劳务与服务，经常需要用现金支付劳务费和服务费。一般来说，支付给有关单位的劳务费和服务费，应由对方单位开具发票、统一收据等原始凭证，付款单位凭借原始凭证记账和付款；而支付给个人的劳务费和服务费，则需要由自己单位提供并编制有关凭证，由提供劳务的个人签字后，据以入账并付款。

(五)向职工发放非工资性资金

向职工发放非工资性资金主要是指向职工发放的非工资性奖金(如合理化建议奖、技术改进奖等)、劳动保护费和计划生育独生子女补贴等。在发放这些费用时,一般都是由本单位财务部门按国家规定计算出应发放的金额,编制发放表和领款收据等原始凭证,经领导批准后发放并入账。

现金支付业务的原始凭证及处理程序

二、现金支付业务的原始凭证

现金支付业务都是依据一定的凭据进行的,原始凭证是现金支付业务的具体表现形式。现金支付业务的原始凭证有外来的原始凭证,也有自制的原始凭证。

常见的付款原始凭证有以下几种:

(一)工资表

工资表是各单位按月向职工支付工资的原始凭证。出纳人员按每个员工的工资数计算并审核工资总额,通过银行办理,并附以工资发放清单。

(二)报销单

报销单是各单位内部有关人员为单位购买零星物品、接受外单位或个人劳务或服务而办理报销业务,以及单位职工报销医药费等使用的单据。其格式如图 3—8 所示。

费用报销单

部门: 填表日期 年 月 日 单据及附件共 ___张

序号	费用项目	用途	金额									
			十	万	千	百	十	元	角	分	备注	
1												
2												
3												
4											领导审批	
5												
6	合计											
报销金额(大写):			拾	万	仟	佰	拾	元	角	分		
原借款:________元			应退金额:________元					应补金额:________元				

复核: 出纳: 报销人:

图 3—8 费用报销单

(三)借款借据

借款借据是单位内部所属机构为购买零星办公用品或职工因公出

差等原因向出纳员借款时的凭证。其格式如图 3—9 所示。

借 款 单

单位：			日期： 年 月 日		
部 门		借款人		职 务	
借款事由					
借款金额	拾 万 仟 佰 拾 元 角 分 ¥________				
还款方式					
部门审批		领导审批		借款人签字	

会计： 核准： 出纳：

图 3—9 借款单

(四)领款收据

领款收据是本单位职工向单位领取各种非工资性奖金、津贴、补贴、福利、劳务费和其他各种现金款项，以及其他单位或个人向本单位领取各种劳务费、服务费时填制的凭据，作为付款的原始凭证。其格式如图 3—10 所示。

领 款 单

领款日期： 年 月 日

领款部门名称		审批意见
领款原因		
金额（大写）		

财务主管 出纳 领款人

图 3—10 领款单

(五)差旅费借款、报销单

出差人员预先借支差旅费的，应当使用统一格式、填写完整并经过所在部门领导和相关人员签字的差旅费借款结算单作为原始凭证，也可以使用普通的借款借据作为原始凭证。出差人员回到单位后报销差旅费时，应当填写差旅费报销单，经所在部门领导和财务领导签字后成为报账的原始凭证。其格式如图 3—11 和图 3—12 所示。

借 支 单

20 年 月 日

单位名称：________________

借支人姓名		部门职务	
借支事由			
借支金额	人民币（大写）		¥________
部门负责人		借款人（签章）	
领导批示			
财务主管		出 纳	
备 注	○从月薪中扣回 ○冲下次报销 ○其 他		

图 3－11 借支单

差旅费报销单

报销日期： 年 月 日

部 门			姓 名							
项目名称			职称（务）							
			出差事由					附单据		张
出 差 地 点	起 止 日 期	天 数	交 通 费				住宿费	补 贴		其 他
			飞机	火车	其他	市内		伙食	其他	
核 准 报 销 金 额										
合计人民币（大写）						¥				

图 3－12 差旅费报销单

三、现金支付业务处理程序

现金支付业务是指各单位在其生产经营过程和非生产经营过程中向外支付现金的业务。它包括各单位向外购买货物、接受劳务而支付现金的业务，发放工资业务，费用报销业务，现金存入银行以及向有关部门支付备用金等。出纳人员在办理现金支付业务时，主要依据工资发放表、借款单、现金缴款单等原始凭证。

现金支付业务工作流程具体见图 3－13。

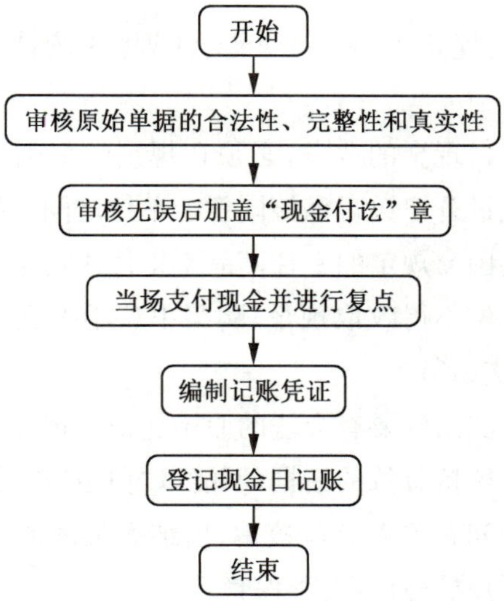

图 3—13　现金支付业务工作流程

(一)出纳人员直接支付现金的程序

出纳人员按现金支付单据直接将现金支付给收款单位或个人的基本程序是:

(1)受理现金支付凭证。这些凭证包括报销单据、借款单、领款收据、工资表、外单位或个人的收款收据或发票等。

(2)审核付款凭据。出纳人员在取得现金支付凭据后,应当进行认真审核;对于出纳人员直接经办的业务,如现金汇款等,还需要填制有关原始凭证并补齐手续。

(3)支付现金并当着收款人面进行复点,要求收款人当面确认。

(4)付款完毕,出纳人员应当在审核无误的原始单证上加盖现金付讫章。

(5)出纳人员根据付款凭证登记现金日记账,或交由会计编制现金付款凭证,再据以登记现金日记账。

(二)支付现金支票方式

支付现金支票方式是指出纳人员根据审核无误的有关凭证,将填写的现金支票交给收款人,由收款人直接到开户银行提取现金的支付方式。这种支付方式与直接支付现金方式作用相同,主要适用于大宗的现金付款业务。

四、现金支付业务的管理

现金支出管理实际上就是对企业库存现金的使用范围及现金支出

所进行的管理。

(1)企业应按规定编制现金开支计划,并按计划组织现金支出活动。

(2)向个人支付现金的业务,必须在规定的范围内;超过规定范围支付现金,必须经过开户银行审核同意。单位之间不得互相借用现金。

(3)单位购买国家规定的专控商品不得使用现金支付,对于国家专控商品,其销售单位不得收取现金,购买单位不得支付现金,要通过转账支付方式完成交易行为。

(4)一切现金支出都要有合法的原始凭证。现金支出要有凭有据、手续完备,借款必须持有效的借据,不能以“白条”代替借据。凭证由经办人签名,经主管和有关人员审核后,出纳人员才能据以付款,在付款后,应加盖“现金付讫”戳记,妥善保管。

【任务实施】

根据《现金管理暂行条例》规定,企业发生的下列经济业务中(见表3—4),哪些可以使用现金支付,哪些不可以?

表3—4　　企业经济业务

序号	经济业务	是否可以使用现金支付
1	支付职工奖金8 000元	
2	支付零星办公用品购置费950元	
3	支付物资采购货款1 900元	
4	支付职工差旅费500元	
5	支付银行承兑汇票手续费1 000元	
6	支付李明困难补助800元	

任务四　现金存取业务

【任务引入】

出纳员林某要将一笔销货款存入银行,他应该怎么做呢?他需要了解哪些出纳知识呢?

【知识准备】

现金送存业务的办理

一、现金送存银行的程序

现金送存业务工作流程具体见图 3－14。

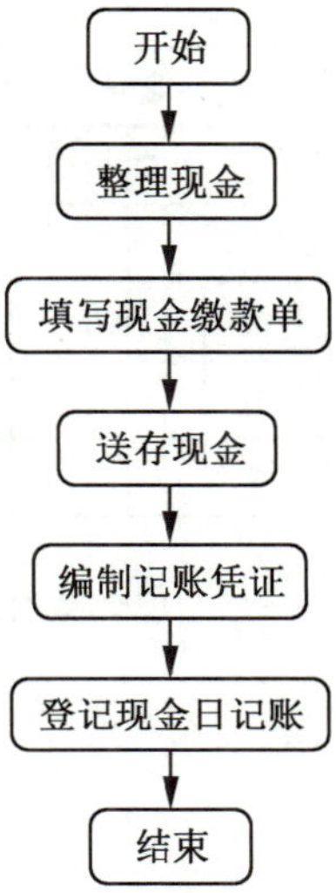

图 3－14　现金送存业务工作流程

出纳人员对当天收入的现金和超过库存限额、坐支范围的现金，应当及时送存开户银行，其程序如下：

(1)清点票币。出纳人员送存现金之前，必须清点票币，将同等面额纸币摆放在一起，然后按每 100 张为一把整理好，不够整把的，从大额到小额顺序排列好；将同额硬币摆放在一起，按每 100 枚用纸卷成一卷，不足一卷的硬币一般不送存银行，留作找零用。

(2)填写现金缴款单。款项清点好后，出纳人员填写现金缴款单(格式如图 3－15 所示)，填写时要用双面复写纸复写，缴款日期必须填写缴款当日，缴款单位名称应当填写全称，款项来源如实填写，大小金额的书写要标准。券别和数额栏按实际送存时各种券面的张数和卷数填写。

现金缴款单为一式三联或一式两联。以一式三联为例：第一联为回单，此联由银行盖章后退回存款单位；第二联为收入凭证，此联由收款人开户银行作为现金收入凭证；第三联为附联，作为附件，是银行出纳留底联。以一式两联为例：第一联为收入凭证，此联由银行作为现金收入凭证；第二联为附联，此联与银行回单核对并作为附件，交给存款

中国工商银行　　现金缴款单

年　月　日

缴款单位	全　称																					
	开户银行																账号					
金额：（大写）：																		百	十	万	千	百十元角分
币种	人民币　港元　美元　其他（　）																					
票面	千	百	十	万	千	百	十	元	角	分	票面	千	百	十	万	千	百	十	元	角	分	备注：
一千元											二十元											
五百元											十元											
一百元											五元											
五十元											其他											

图 3—15　现金缴款单

单位。

(3)将款项和现金缴款单一同送开户银行收款窗口收款。

(4)银行收款核对后,在现金缴款单第一联(回单)盖章退还出纳人员。

(5)出纳人员根据会计凭证及时登记现金日记账。

二、从银行提取现金的程序

从银行提取现金的业务办理

现金提取业务工作流程具体见图 3—16。

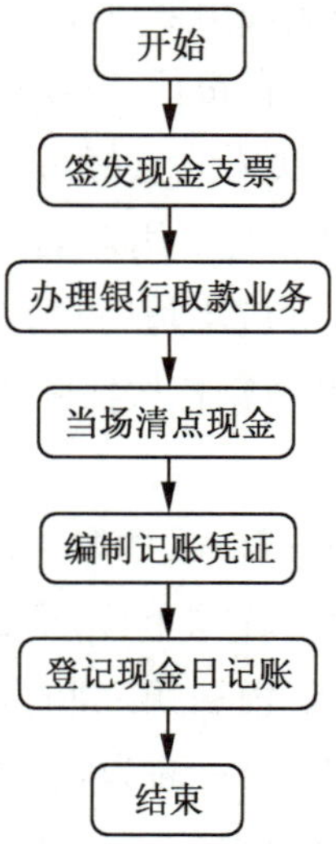

图 3—16　现金提取业务工作流程

任何单位必须具有一定的库存现金才能开展支出业务，当库存现金小于需用现金时，除按国家规定可以坐支外，均应按规定从银行提取现金。从银行提取现金的程序为：

（一）签发现金支票

单位需要现金时，一般是由领导批准，出纳人员填写现金支票到银行提取现金。现金支票的填写要求是：必须使用碳素墨水填写，签发日期必须用中文大写数字填写且是实际出票日期，金额必须按规定填写，用途栏应当填明真实用途，不得弄虚作假。现金支票的正面要加盖单位预留银行印鉴，背面要有收款单位或取款人背书。

现金支票是专门用于支取现金的一种支票，由存款人签发，委托开户银行向收款人支付一定数额的现金。开户单位应按现金的开支范围签发现金支票，现金支票的金额起点为 100 元，其付款方式是见票即付。

1. 现金支票正联（见图 3—17）的具体填写方法

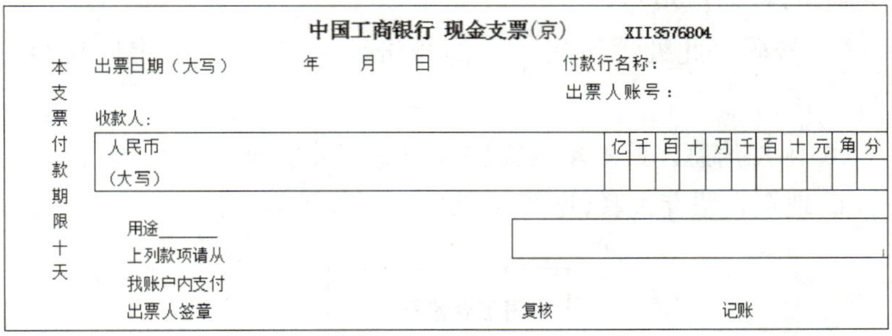
中国工商银行 现金支票（京）　XII3576804

本支票付款期限十天

出票日期（大写）　年　月　日　付款行名称：

出票人账号：

收款人：

人民币（大写）

亿	千	百	十	万	千	百	十	元	角	分

用途______

上列款项请从我账户内支付

出票人签章　复核　记账

图 3—17　现金支票正联

（1）出票日期。此处填写当天的日期。日期必须使用中文大写。签发日期必须填写实际出票日期，不得补填或预填日期。

（2）收款人。此处填写本单位名称的全称。

（3）付款行名称。此处填写本单位开户银行的名称。

（4）出票人账号。此处填写本单位开户银行的账号。

（5）金额。大写金额按要求规范填写；小写金额必须与大写金额一致，并在小写最高位前格填写人民币符号¥。如果有错误，不得修改，须作废重填。

（6）用途。此处填写所提现金的真实用途，如支付工资、备用金等。

（7）出票人签章。此处应加盖单位财务专用章、企业法人章（以预留在银行的印鉴为准），印章要加盖清晰，不能缺漏。

2. 现金支票背面（见图 3—18）的具体填写方法

附加信息：	收款人签章 年　月　日
	身份证件名称：　　发证机关：
	号码

图 3—18　现金支票背面

(1)收款人签章。此处加盖与正联相同的印章。

(2)年、月、日。此处用阿拉伯数字填写提取现金的当天日期。

(3)身份证件名称。此处一般填“身份证”,如个人提取现金,应填写。

(4)发证机关。此处填写提款人身份证上注明的发证机关名称,如个人提取现金,应填写。

(5)号码。此处填写提款人的身份证号码,如个人提取现金,应填写。

(6)附加信息。此处填写需要说明的有关事项。

3. 现金支票存根联(见图 3—19)的具体填写方法

中国工商银行
现金支票存根
(苏)

Ⅳ V000001

科　目：
对方科目：

收款人：
金　额：
用　途：

出票日期：
年　月　日

单位主管　　会计

图 3—19　现金支票存根联

(1)出票日期。此处用阿拉伯数字填写与正联相同的日期。

(2)收款人。此处与正联所填相同。

(3)金额。此处用阿拉伯数字填写与正联相同的金额。

(4)用途。此处与正联所填相同。

(5)单位主管、会计。由单位财务负责人、会计签名或盖章,可不填。

(二)取款

出纳人员持签发的现金支票到银行提取款项时,将支票交给经办本单位结算业务的银行出纳人员审核无误后,等待取款;取款人收到银行出纳人员付给的现金时,应当面清点数量,清点无误后才能离开柜台。如果金额较大时,应当有其他人陪同前往银行提款。

(三)保管

出纳人员取回现金后,应当立即将现金放入保险柜保管。

(四)记账

将现金支票存根交由会计编制银行存款付款凭证,再根据审核无误的记账凭证及其所附原始凭证登记现金日记账。

【任务实施】

2023年7月5日,出纳人员林华从开户银行提取28 000元现金,用于发放职工的高温补贴费。请出纳人员签发现金支票,完成表3—5。

表3—5　　**现金支票**

中国工商银行 现金支票(京)　　XII3576804

本支票付款期限十天

出票日期(大写)　　年　　月　　日　　付款行名称:

收款人:　　出票人账号:

人民币(大写)	亿	千	百	十	万	千	百	十	元	角	分

用途________

上列款项请从

我账户内支付

出票人签章　　复核　　记账

项目四

银行结算业务的办理

学习目标

知识目标

1. 了解银行结算业务基本知识。

2. 熟知银行结算账户的内容。

3. 了解银行结算业务的含义。

4. 了解银行结算方式及其适用范围。

5. 了解各种银行结算方式应遵循的规定。

能力目标

1. 能够办理银行账户的开立、变更和撤销。

2. 能够梳理各种结算方式的内容和流程。

3. 掌握各种银行结算方式的处理过程。

素质目标

1. 具备出纳工作人员处理银行业务的基本知识。

2. 强化出纳银行业务工作流程意识。

3. 培养标准化操作职业素养，养成良好的出纳工作习惯。

任务一　银行结算业务基本知识

【任务引入】

林某毕业后成功应聘到一家企业成为出纳人员，他的第一项工作需要与银行对接企业的银行结算业务，林某需要了解哪些知识？

【知识准备】

一、银行存款

银行存款是流动性和支付性很强的货币性资产，每个单位的银行存款管理都是出纳的重要工作。出纳人员必须遵循国家有关银行存款管理和支付结算的规定以及单位内部的银行存款控制制度，严格管理好本单位银行账户，正确办理银行结算业务。

（一）银行存款的含义及使用

银行存款是指企事业单位存放在银行或其他金融机构中的货币资金。它是现代社会经济交往中的一种主要资金结算工具。根据国家有关规定，凡是独立核算的企业，都必须在当地银行开设账户。企业在银行开设账户后，除按银行规定的企业库存现金限额保留一定的库存现金外，超过限额的现金都必须存入银行。企事业单位经济活动所发生的一切货币收支业务，除按国家《现金管理暂行条例》中规定的可以使用现金直接支付的款项外，其他都必须按银行支付结算办法的规定，通过银行账户进行转账结算。

（二）银行存款的管理

银行存款管理是指国家、银行、企业、事业单位、机关团体等有关各方对银行存款及相关内容进行的监督和管理。银行存款管理的内容，根据其管理对象不同，可分为银行结算账户的管理、银行存款结算的管理、银行存款核算的管理以及银行借款的管理。

1. 银行结算账户的管理

银行结算账户的管理，主要是指有关银行结算账户的开立、变更、合并、迁移、撤销和使用等内容的管理。

2. 银行存款结算的管理

银行存款结算的管理，是银行存款管理的核心内容，主要是对经济活动引起的银行存款收付业务的管理。银行存款结算的管理主要包括四方面内容：

（1）银行存款结算的原则性管理；

（2）银行存款结算的业务性管理；

（3）银行存款结算的纪律及责任规定；

（4）银行结算票据和凭证的管理。

3. 银行存款核算的管理

银行存款核算的管理，是指根据《会计法》及会计准则的规定，对银行存款业务进行确认、计量、记录和报告的管理。

4. 银行借款的管理

银行借款的管理，是指对银行借款种类、借款期限及利率和借款金额等的管理。

二、银行支付结算办法的基本内容

同银行打交道、办理银行结算业务是出纳人员的主要工作之一。所以，了解银行支付结算办法、掌握银行支付结算的技术是出纳的基本技能之一。

（一）支付结算的概念、原则及“四不准”

1. 支付结算的概念

支付结算是指单位、个人在社会经济活动中使用票据、信用卡和汇兑、托收承付、委托收款等结算方式进行货币给付及其资金清算的行为。

支付结算工作的任务是根据经济往来组织支付结算，准确、及时、安全地办理支付结算，按照有关法律、行政法规和《支付结算办法》的规定管理支付结算，保障支付结算活动的正常进行。

2. 支付结算的原则

单位、个人和银行办理支付结算必须遵守下列原则：

（1）恪守信用，履约付款；

（2）谁的钱进谁的账、由谁支配；

（3）银行不垫款。

3. 支付结算的“四不准”

（1）不准签发没有资金保证的票据或远期支票即空头支票，套取银行信用。

（2）不准签发、取得和转让没有真实交易和债权债务的票据，套取银行和他人资金。

（3）不准无理拒绝付款，任意占用他人资金。

(4)不准违反规定开立和使用账户。

(二)《支付结算办法》的基本内容

1988 年 12 月 19 日,中国人民银行颁布了《银行结算办法》,并于 1989 年 4 月 1 日起执行。随着社会经济发展和《票据法》的实施,中国人民银行重新修订了《银行结算办法》,并于 1997 年 9 月 19 日颁布了《支付结算办法》,取代以前的《银行结算办法》。《支付结算办法》自 1997 年 12 月 1 日起在全国范围内施行。

《支付结算办法》共六章二百六十条。第一章总则,共二十条。第二章票据,共五节一百零九条,主要介绍银行汇票、商业汇票、银行本票、支票等票据结算方式。第三章信用卡,共三十二条,主要介绍信用卡结算方式。第四章结算方式,共四节四十五条,主要介绍汇兑、托收承付和委托收款等结算方式。第五章结算纪律与责任,共四十八条。第六章附则,共六条。

(三)支付结算的种类

银行支付结算的种类

1. 按支付货币的形式不同分类

支付结算方式按其支付货币的形式不同,分为现金结算和转账结算两种。

(1)现金结算方式,是指企业在其生产经营活动中直接使用现金进行交易和支付的结算方式。

(2)转账结算方式,是指通过银行划付清算、办理转账的结算方式。所以,它也称银行结算方式,包括三票、一卡、一证、三种方式,如图 4—1 所示。

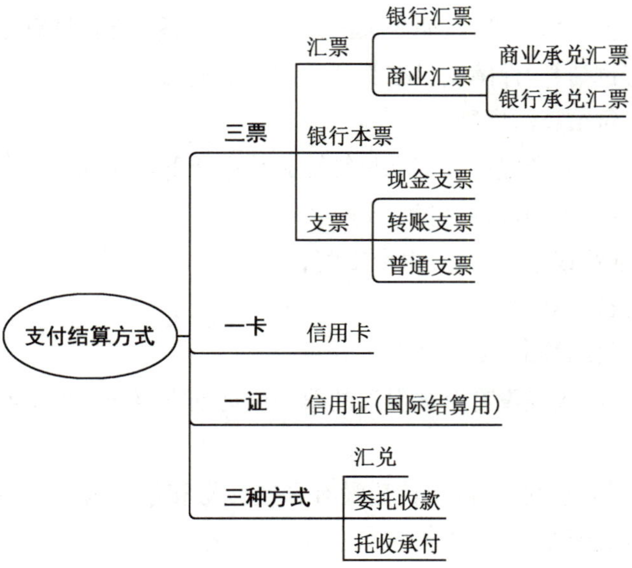

图 4—1　银行支付结算方式

2.按支付工具的不同分类

支付工具是资金转移的载体，方便、快捷、安全的支付工具是加快资金周转、提高资金使用效率的保障。支付结算方式按其支付工具不同，分为票据支付结算、卡基支付结算、电子支付结算和其他支付结算四类。

(1)票据支付结算方式，是指采用汇票(包括银行汇票和商业汇票)、银行本票和支票等票据进行结算的方式。票据是指出票人约定自己或委托付款人在见票时或指定的日期向收款人或持票人无条件支付一定金额并可流通转让的有价证券，包括汇票、本票和支票。

票据结算行为具有四个特征:①要式性，是指票据行为必须依照《票据法》的规定在票据上载明法定事项并交付;②无因性，是指票据行为不因票据的基础关系无效或有瑕疵而受影响;③文义性，是指票据行为的内容完全依据票据上记载的文义而定，即使其与实质关系的内容不一致，仍按票据上的记载而产生效力;④独立性，是指票据上的各个票据行为各自独立发生效力，不因其他票据行为的无效或有瑕疵而受影响。

(2)卡基支付结算方式，是指采用银行卡进行结算的方式。银行卡包括借记卡、贷记卡(信用卡)和储值卡。

借记卡，是指由商业银行向社会发行的具有消费信用、转账结算、存取现金等全部或部分功能的支付工具，不能透支。

贷记卡即信用卡，是由银行或信用卡公司向资信良好的个人和机构签发的一种信用凭证，持卡人可在指定的特约商户处购物或获得服务。信用卡既是发卡机构发放循环信贷和提供相关服务的凭证，也是持卡人信誉的标志，可以透支。按照授信程度的不同，贷记卡分为真正意义上的贷记卡和准贷记卡。贷记卡是指发卡银行给予持卡人一定的信用额度，持卡人可在信用额度内先消费、后还款的信用卡。准贷记卡是指持卡人须先按发卡银行要求交存一定金额的备用金，当备用金账户余额不足以支付时，可在发卡银行规定的信用额度内透支的信用卡。

储值卡，是指非金融机构发行的具有电子钱包性质的多用途卡种，不记名，不挂失，适应小额支付领域。电子钱包性质的储值卡基本上由非金融机构发行。一些城市，如上海和厦门，使用的卡基电子货币可用于公共交通、餐饮连锁店等。预计卡基电子货币将越来越多地用于公共交通、高速公路收费、汽车租赁、旅游集散地、停车场、加油站以及超市，并可能扩大到公用事业收费等。储值卡的资金清算，由发行者为商户提供交易数据处理服务，并借助银行完成发行者与商户之间的资金划转。

(3)电子支付结算方式,是指采用网上支付和移动支付工具进行结算的方式。

随着电子银行的兴起和微电子技术的发展,电子支付技术日趋成熟,电子支付工具品种不断丰富。电子支付工具从其基本形态上看是电子数据,它以金融电子化网络为基础,通过计算机网络系统以传输电子信息的方式实现支付功能。利用电子支付工具可以方便地实现现金存取、汇兑、直接消费和贷款等功能。广义的电子支付工具包括卡基支付工具、网上支付和移动支付(手机支付)等。但上面已将卡基支付结算方式单独列为一类,这里就只介绍其他电子支付结算方式。

网上支付,是指人们通过互联网完成支付的行为和过程,通常情况下,仍然需要银行作为中介。在典型的网上支付模式中,银行建立支付网关和网上支付系统,为客户提供网上支付服务。网上支付指令在银行后台进行处理,并通过传统支付系统完成跨行交易的清算和结算。在传统的支付系统中,银行是系统的参与者,客户很少主动地参与到系统中;而对于网上支付系统来说,客户成为系统的主动参与者,这从根本上改变了支付系统的结构。常见的网上支付模式有网银模式、银行支付网关模式、共建支付网关模式和 IT 公司支付模式。

移动支付,是指利用移动电话采取编发短信息和拨打某个号码的方式实现支付。手机支付系统主要涉及三方:消费者、商家及无线运营商。所以手机支付系统大致可分为三个部分,即消费者前端消费系统、商家管理系统和无线运营商综合管理系统。消费者前端消费系统:保证消费者顺利地购买到所需的产品和服务,并可随时观察消费明细账、余额等信息。商家管理系统:可以随时查看销售数据以及利润分成情况。无线运营商综合管理系统是手机支付系统中最复杂的部分,包括两个重要的子系统:鉴权系统和计费系统。它既要对消费者的权限、账户进行审核,又要对商家提供的产品和服务进行监督,看是否符合所在国家和地区的法律规定;此外,最重要的是,它为利润分成的最终实现提供了技术保证。

随着信息技术的飞速发展,电子支付工具具有广阔的发展前景。

(4)其他支付结算方式,是指除票据支付结算、卡基支付结算和电子支付结算以外的现金支付、汇兑、托收承付、委托收款、定期借记和定期贷记等支付结算方式。

①现金支付。在中国,现金主要指流通中的现钞,是由中国人民银行依法发行流通的人民币,包括纸币和硬币。

在中国,现金交易大部分发生在储蓄存取款、消费性现金支出、农副产品收购现金支出等环节。客户主要利用三种方式提取现金：一是通过使用储蓄存折或储蓄卡从各商业银行储蓄网点支取现金；二是使用银行卡在自动柜员机上提取现金；三是通过签发支票提取现金。企事业单位只能通过签发支票提取现金。

②汇兑、托收承付和委托收款三种方式是企事业单位支付结算的重点。

③定期借记。定期借记从20世纪80年代开始在中国使用，尽管目前它在非现金支付中仍然只占相当小的比例，但近几年这种支付方式发展较快，主要用于公共事业费、保险费、税款和学费等各项费用的支付。收款人主要通过书面或通过联机传送的方式将支付命令发送给银行，银行据此直接借记付款人账户和贷记收款人账户。这种交易必须是在付款人、收款人和银行三方协议的基础上实施的。

④定期贷记。定期贷记与定期借记是同时开始使用的，主要用于工资、保险金、养老金的支付。最初，支付命令是以书面的形式发出的，但现在很多大企业、政府机构用磁介质或数据传送向银行送交支付指令。出纳人员在办理结算业务时，应当根据不同的款项收支，考虑结算金额的大小、结算距离的远近、利息支出和对方信用情况等要素，进行综合分析，选择适当的银行结算方式，以缩短结算时间，减少结算资金占用，加速资金周转。

【任务实施】

银行支付结算方式有哪些?

任务二　管理银行结算账户

【任务引入】

会计主管要求林某到银行给企业开立一个新账户用于企业的新业务，林某为了完成任务，需要了解哪些出纳知识呢?

【知识准备】

银行结算账户的含义及分类

一、银行结算账户的含义及分类

(一)银行结算账户的含义

银行结算账户是指银行为存款人开立的办理资金收付结算的人民

币活期存款账户。存款人是指在中国境内开立银行结算账户的机关、团体、部队、企业、事业单位、其他组织(以下统称为单位)以及个体工商户和自然人。

银行结算账户是各单位通过银行办理转账结算、信贷以及现金收付业务的工具,它具有反映和监督国民经济各部门经济活动的作用。凡新办的企业或公司在取得工商行政管理部门颁发的法人营业执照后,可选择离办公场地近、办事工作效率高的银行申请开设自己的银行结算账户。对于非现金使用范围的开支,都要通过银行账户办理。

(二)银行结算账户的类型

根据中国人民银行总行发布的《人民币银行结算账户管理办法》的规定,银行结算账户分为基本存款账户、一般存款账户、临时存款账户和专用存款账户。

1. 基本存款账户

基本存款账户是存款人因办理日常转账结算和现金收付需要开立的银行结算账户。按规定,每一个存款人只能在银行开立一个基本存款账户(国家另有规定的除外)。基本存款账户是存款人的主要账户。存款人日常经营活动的资金收付及其工资、奖金和现金的支取,应通过该账户办理。基本存款账户是开立其他银行结算账户的前提。

2. 一般存款账户

一般存款账户是存款人因借款或其他结算需要,在基本存款账户开户银行以外的银行营业机构开立的银行结算账户。一般存款账户用于办理存款人借款转存、借款归还和其他结算的资金收付。该账户可以办理现金缴存,但不得办理现金支取。

3. 临时存款账户

临时存款账户是存款人因临时需要并在规定期限内使用而开立的银行结算账户。存款人可以通过该账户办理转账结算和根据国家现金管理规定办理现金收付。临时存款账户用于办理临时机构以及存款人临时经营活动发生的资金收付。临时存款账户应根据有关开户证明文件确定的期限或存款人的需要确定其有效期限。存款人在账户的使用中需要延长期限的,应在有效期限内向开户银行提出申请,并由开户银行报中国人民银行当地分支行核准后办理展期。临时存款账户的有效期最长不得超过2年。临时存款账户支取现金,应按照国家现金管理规定办理。

4. 专用存款账户

专用存款账户是存款人按照法律、行政法规和规章,对其特定用途资金进行专项管理和使用而开立的银行结算账户。专用存款账户用于办理各项专用资金的收付。

二、银行账户的管理

(一)银行账户管理的基本原则

根据《银行账户管理办法》的规定,银行账户管理应遵循以下基本原则:

(1)一个基本存款账户原则。即除国家特殊规定外,存款人在银行只能开立一个基本存款账户,并实行由中国人民银行当地分支机构核发开户许可证制度。

(2)自愿选择账户原则。即存款人可以自主选择银行开立账户,银行也可以自愿选择存款人开立账户,双向自愿。任何单位和个人不得干预存款人和银行开立或使用银行账户的业务工作。

(3)存款保密原则。即银行必须依法为存款人保密,除国家法律规定的国务院授权中国人民银行总行的监督项目外,银行不代任何单位和个人查询、冻结、扣划存款人账户内的存款,以维护存款人资金的自主支配权。

(4)足额支付原则。即存款人应当保证其银行账户内有足够的资金用于支付,不得开具空头支票、不得办理虚假汇款等,以保证银行结算信誉,维持金融秩序和信用安全。

(二)银行账户管理的内容

银行账户管理主要包括银行结算账户开立、变更和撤销等管理(见图4—2)。

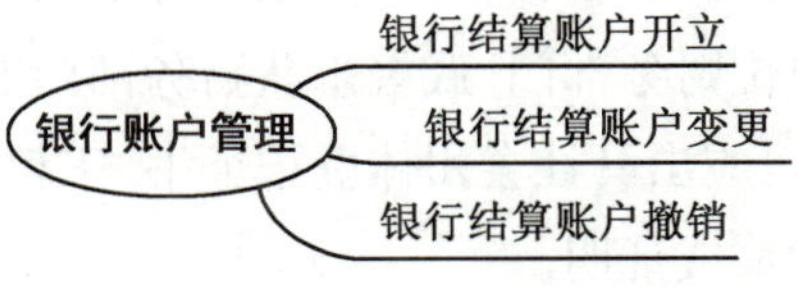

图4—2　银行账户管理

三、单位银行结算账户的开立

(一)银行存款账户的开立条件及所需证明文件

存款人开立基本存款账户、临时存款账户和预算单位开立专用存款账户实行核准制度,经中国人民银行核准后由开户银行核发开户登记证。但存款人因注册验资需要开立的临时存款账户除外。

开户登记证是记载单位银行结算账户信息的有效证明，存款人应按规定使用，并妥善保管。

1.基本存款账户

（1）根据《人民币银行结算账户管理办法》的规定，下列情况的存款人可以申请开立基本存款账户：

①企业法人。

②非法人企业。

③机关、事业单位。

④团级（含）以上军队、武警部队及分散执勤的支（分）队。

⑤社会团体。

⑥民办非企业组织。

⑦异地常设机构。

⑧外国驻华机构。

⑨个体工商户。

⑩居民委员会、村民委员会、社区委员会。

⑪单位设立的独立核算的附属机构。

⑫其他组织。

（2）存款人申请开立基本存款账户，应向银行出具下列证明文件：

①企业法人，应出具企业法人营业执照正本。

②非法人企业，应出具企业营业执照正本。

③机关和实行预算管理的事业单位，应出具政府人事部门或编制委员会的批文或登记证书和财政部门同意其开户的证明；非预算管理的事业单位，应出具政府人事部门或编制委员会的批文或登记证书。

④军队、武警团级（含）以上单位以及分散执勤的支（分）队，应出具军队军级以上单位财务部门、武警总队财务部门的开户证明。

⑤社会团体，应出具社会团体登记证书，宗教组织还应出具宗教事务管理部门的批文或证明。

⑥民办非企业组织，应出具民办非企业登记证书。

⑦外地常设机构，应出具其驻在地政府主管部门的批文。

⑧外国驻华机构，应出具国家有关主管部门的批文或证明；外资企业驻华代表处、办事处应出具国家登记机关颁发的登记证。

⑨个体工商户，应出具个体工商户营业执照正本。

⑩居民委员会、村民委员会、社区委员会，应出具其主管部门的批文或证明。

⑪独立核算的附属机构，应出具其主管部门的基本存款账户开户

登记证和批文。

⑫其他组织，应出具政府主管部门的批文或证明。如果存款人为从事生产经营活动纳税人的，还应出具税务部门颁发的税务登记证。

2.一般存款账户

根据《人民币银行结算账户管理办法》的规定，存款人申请开立一般存款账户，应向银行出具其开立基本存款账户规定的证明文件、基本存款账户开户登记证和下列证明文件：

(1)存款人因向银行借款需要，应出具借款合同。

(2)存款人因其他结算需要，应出具有关证明。

3.临时存款账户

根据《人民币银行结算账户管理办法》的规定，下列情况的存款人可以申请开立临时存款账户，并须提供相应的证明文件：

(1)设立临时机构，应出具其驻在地主管部门同意设立临时机构的批文。

(2)异地临时经营活动，应出具其基本存款账户开户登记证，同时：

①异地建筑施工及安装单位，应出具其营业执照正本或其隶属单位的营业执照正本，以及施工及安装地建设主管部门核发的许可证或建筑施工及安装合同。

②异地从事临时经营活动的单位，应出具其营业执照正本以及临时经营地工商行政管理部门的批文。

(3)注册验资，应出具工商行政管理部门核发的企业名称预先核准通知书或有关部门的批文。

4.专用存款账户

根据《人民币银行结算账户管理办法》的规定，下列情况的存款人可以申请开立专用存款账户，并须提供相应的证明文件：

(1)基本建设资金、更新改造资金、政策性房地产开发资金、住房基金、社会保障基金，应出具主管部门批文。

(2)财政预算外资金，应出具财政部门的证明。

(3)粮、棉、油收购资金，应出具主管部门批文。

(4)证券交易结算资金，应出具证券公司或证券管理部门的证明。

(5)期货交易保证金，应出具期货公司或期货管理部门的证明。

(6)金融机构存放同业资金，应出具其证明。

(7)单位银行卡备用金，应按照中国人民银行批准的银行卡章程的规定出具有关证明和资料。

(8)收入汇缴资金和业务支出资金，应出具基本存款账户存款人有关的证明。

收入汇缴资金和业务支出资金，是指基本存款账户存款人附属的非独立核算单位或派出机构发生的收入和支出的资金。

(9)党、团、工会设在单位的组织机构经费，应出具该单位或有关部门的批文或证明。

(10)其他按规定需要专项管理和使用的资金，应出具有关法规、规章或政府部门的有关文件。

5. 异地银行结算账户

(1)存款人有下列情形之一的，可以在异地开立有关银行结算账户：

①营业执照注册地与经营地不在同一行政区域(跨省、市、县)需要开立基本存款账户的。

②办理异地借款和其他结算需要开立一般存款账户的。

③存款人因附属的非独立核算单位或派出机构发生的收入汇缴或业务支出需要开立专用存款账户的。

④异地临时经营活动需要开立临时存款账户的。

⑤自然人根据需要在异地开立个人银行结算账户的。

(2)存款人需要在异地开立单位银行结算账户，除出具上述有关证明文件外，还应出具下列相应的证明文件：

①经营地与注册地不在同一行政区域的存款人，在异地开立基本存款账户的，应出具注册地中国人民银行分支行的未开立基本存款账户的证明。

②异地借款的存款人，在异地开立一般存款账户的，应出具在异地取得贷款的借款合同。

以上两种情况，存款人还应出具其基本存款账户开户登记证。

③因经营需要在异地办理收入汇缴和业务支出的存款人，在异地开立专用存款账户的，应出具隶属单位的证明。

(二)银行账户的开立程序

存款人申请开立单位银行结算账户时，可由法定代表人或单位负责人直接办理，也可授权他人办理。

由法定代表人或单位负责人直接办理的，除出具相应的证明文件外，还应出具法定代表人或单位负责人的身份证件；授权他人办理的，除出具相应的证明文件外，还应出具其法定代表人或单位负责人的授权书及其身份证件，以及被授权人的身份证件。

各单位向银行申请开立账户，应当按照以下程序办理：

1. 填写单位开户申请表

各单位要求在银行开立账户，必须向开户行提出申请，填写“开立单位银行结算账户申请书”，填写完毕后，要加盖本单位全称公章。单位开户申请表的基本格式如图 4—3 所示。

开立单位银行结算账户申请书

<table>
<tr><td>存款人名称</td><td colspan="3"></td><td>电话</td><td></td></tr>
<tr><td>地址</td><td colspan="3"></td><td>邮编</td><td></td></tr>
<tr><td>存款人类别</td><td></td><td colspan="2">组织机构代码</td><td colspan="2"></td></tr>
<tr><td rowspan="2">法定代表人或
单位负责人</td><td>姓 名</td><td colspan="4"></td></tr>
<tr><td>证件种类</td><td colspan="2"></td><td>证件号码</td><td></td></tr>
<tr><td>行业分类</td><td colspan="5">A()B()C()D()E()F()G()H()I()J()K()
L()M()N()O()P()Q()R()S()T()</td></tr>
<tr><td>注册资金</td><td colspan="2"></td><td>地区代码</td><td colspan="2"></td></tr>
<tr><td>经营范围</td><td colspan="5"></td></tr>
<tr><td>证明文件种类</td><td colspan="2"></td><td>证明文件编号</td><td colspan="2"></td></tr>
<tr><td>税务登记证
(国税和地税)编号</td><td colspan="5"></td></tr>
<tr><td>关联企业</td><td colspan="5"></td></tr>
<tr><td>账户性质</td><td colspan="5">基本(　) 一般(　) 专用(　) 临时(　)</td></tr>
<tr><td>资金性质</td><td></td><td>有效日期至</td><td colspan="3">年　月　日</td></tr>
<tr><td colspan="6">以下为存款人上级法人或主管单位信息：</td></tr>
<tr><td colspan="3">上级法人或主管单位名称</td><td colspan="3"></td></tr>
<tr><td colspan="3">基本存款账户开户许可证核准号</td><td></td><td>组织机构代码</td><td></td></tr>
<tr><td colspan="2" rowspan="3">法定代表人
或单位负责人</td><td>姓名</td><td></td><td></td><td></td></tr>
<tr><td>证件种类</td><td></td><td></td><td></td></tr>
<tr><td>证件号码</td><td></td><td></td><td></td></tr>
<tr><td colspan="6">以下栏目由开户银行审核后填写：</td></tr>
<tr><td>开户银行名称</td><td colspan="3"></td><td>开户银行代码</td><td></td></tr>
<tr><td>账户名称</td><td colspan="3"></td><td>账号</td><td></td></tr>
<tr><td>开户核准号</td><td colspan="3"></td><td>开户日期</td><td></td></tr>
<tr><td colspan="3">本存款人申请开立单位银行结算账户，并承诺所提供的开户资料真实、有效。
存款人（公章）
年　月　日</td><td colspan="2">开户银行审核意见：
经办人（签章）
银行（签章）
年　月　日</td><td>中国人民银行审核意见：
（非核准类账户除外）
经办人（签章）
中国人民银行（签章）
年　月　日</td></tr>
</table>

图 4—3　开立单位银行结算账户申请书

开立基本存款账户、临时存款账户及预算单位专用账户，填写本表一式三份，其中：一份开户单位留存，一份开户银行留存，一份由开户银行报送中国人民银行当地分支行。开立一般存款账户、专用存款账户，填写本表一式两份，其中：一份开户单位留存，一份开户银行留存。

开户申请书的填写方法如下：

(1)存款人名称。此处填写单位全称。

(2)地址。此处按营业执照上的地址填写。

(3)电话和邮编。此处填写本单位办公室电话和办公单位所在地的邮政编码。

(4)组织机构代码。此处填写本单位营业执照的统一社会信用代码。

(5)法定代表人或单位负责人。此处填写企业董事长或单位第一领导人姓名。

(6)行业分类。此处应根据表后的分类代码说明在相应的代码后括号内打"√"。该行业标准由银行在营业场所公告。"行业分类"中各字母代表的行业种类如下:A. 农、林、牧、渔业;B. 采矿业;C. 制造业;D. 电力、燃气及水的生产和供应业;E. 建筑业;F. 交通运输、仓储和邮政业;G. 信息传输、计算机服务及软件业;H. 批发和零售业;I. 住宿和餐饮业;J. 金融业;K. 房地产业;L. 租赁和商务服务业;M. 科学研究、技术服务和地质勘查业;N. 水利、环境和公共设施管理业;O. 居民服务和其他服务业;P. 教育业;Q. 卫生、社会保障和社会福利业;R. 文化、教育和娱乐业;S. 公共管理和社会组织业;T. 其他行业。

(7)注册资金。此处按营业执照上载明的注册资本金额填写。

(8)地区代码。此处按银行公布的地区代码填写。

(9)经营范围。此处按营业执照上的经营范围填写。

(10)证明文件种类。此处填写营业执照或登记证、批文。

(11)证明文件编号。此处填写营业执照的注册号或登记证号码、批文号。

(12)税务登记证编号。此处填写营业执照的统一社会信用代码。

(13)关联企业。此处填写与本企业有利益关联的企业,如母公司、子公司、同一母公司下的子公司等。

(14)账户性质。此处应在所要开立的账户后括号内打"√"。

(15)资金性质。开立专用存款账户时,此处填写所存资金的用途。

(16)有效日期。开立临时存款账户时,此处填写有效时间。

(17)存款人上级法人或主管单位信息。这部分填写上级法人或主管单位信息,填写方法与该表第一部分相同。

(18)存款人(公章)。此处加盖单位行政公章。

(19)带括号的选项填"√"。

2. 提交有关的证明文件

开户申请人在填好开户申请表后,将其报送有关单位审查;审查同意后,审查单位要出具证明文件,并加盖证明公章。

(1)全民所有制和集体所有制工商企业到银行办理开户，必须向银行提交其主管部门出具的证明和当地工商行政管理机关核发的“企业法人营业执照”或“营业执照”。

(2)机关、医院、学校、社会团体等单位办理开户，必须向银行提交拨款的财政部门或上一级主管部门出具的审查证明。

(3)部队办理开户，必须向银行提交军队或武警总队财会部门审查后出具的开户证明。

(4)“三资”企业由注册会计师事务所出具审查证明。

(5)个体工商户办理开户，应提交由城市街道办事处或农村乡政府出具的证明和工商行政管理部门发给的“营业执照”。

(6)外地单位常驻(派出)机构办理开户，应提交主管部门和驻地有关部门的审查批文。

(7)各单位的附属机构办理开户，应提交其管辖单位的审查证明。

3. 填制并提交印鉴卡片

开户单位在提交开户申请表和有关证明文件的同时，还应填写预留印鉴卡片。印鉴卡片是开户单位与银行事先约定的一种具有法律效力的付款依据，是由银行签发、单位财务盖章的卡片，应包括户名、地址、电话、启用日期、申请开户单位印鉴、银行印鉴及印鉴使用说明等内容。印鉴卡片上的户名、地址、电话号码与申请表上的一致；在卡片上要加盖开户单位公章、单位负责人或财务机构负责人及出纳人员三枚印章。银行在为开户单位办理结算业务时，凭开户单位预留的印鉴审核支付凭证的真假。若支付凭证上的印章与预留印鉴不符，银行将拒绝办理付款业务，以保障开户单位银行存款的安全。同时，卡片上的印鉴也明确了银行的责任，保障了银行的权利不受侵犯。印鉴卡如图 4—4 所示。

银行印鉴卡

<table>
<tr><td colspan="3">户名</td><td colspan="2"></td><td>账号</td><td></td></tr>
<tr><td>地址</td><td colspan="2"></td><td>联系电话</td><td></td><td>联系人</td><td></td></tr>
<tr><td colspan="2">启用日期</td><td colspan="2"></td><td>注销日期</td><td colspan="2"></td></tr>
<tr><td colspan="5">申请开户单位印鉴</td><td colspan="2">银行印鉴</td></tr>
<tr><td colspan="2" rowspan="2">单位财务专用章</td><td colspan="3">财务主管签章</td><td colspan="2"></td></tr>
<tr><td colspan="3">出纳人员签章</td><td colspan="2"></td></tr>
<tr><td colspan="7">印鉴使用说明：</td></tr>
</table>

图 4—4　银行印鉴卡

印鉴卡一式两份：一份开户单位留存，一份开户银行留存。

4. 开户银行审查

开户银行根据有关规定对开户单位提交的开户申请书、有关证明、印鉴卡片、会计人员的“会计从业资格证书”等文件进行审查。对开户申请书填写事项齐全、符合开立基本存款账户条件的存款人，开户银行允许开户，给予账号，并将存款人的开户申请、相关的证明文件和开户银行审核意见等开户资料报送中国人民银行当地分支行机构审核。

5. 中国人民银行审查

中国人民银行对开户银行报送的基本存款账户开户资料的合规性进行审核，符合条件的，核准开户，制作开户许可证。开户许可证上登记的基本内容包括账户名称、账号、账户性质、开户银行、开户日期、签章。不符合开户条件的，出具退单申请书，连同有关证明文件、材料一并退回开户银行。退单申请书格式如图 4—5 所示。

1. 已开立基本存款账户
2. 证明文件不符
3. 原账户管理卡或遗失证明未附
4. 身份证件及授权书未附
5. 税务登记证未附
6. 法人组织机构代码证未附
7. 开户申请书填写事项不全
8. 开户申请书填写事项与证明文件不符
9. 开户申请书填写事项修改未加盖经办人章
10. 存款人签章不符
11. 复印件未加盖银行业务章
12. 其他
注： 经办人：

图 4—5　退单申请书

四、单位银行结算账户的变更

银行结算账户的变更和撤销

(一)银行结算账户变更的基本规定

人民币银行结算账户的变更是指存款人的账户信息资料发生了变化或者改变。根据账户管理的要求，存款人下列账户资料变更后，应及时向开户银行办理变更手续：

(1)人民币银行结算账户的存款人姓名发生变更。

(2)人民币银行结算账户的法定代表人或单位负责人发生变更。

(3)地址及其他开户资料(如注册资金等)发生变更。

存款人变更名称,但不改变开户银行及账号的,应于5个工作日内向开户银行提出人民币银行结算账户的变更申请,并出具相关部门的证明文件。

单位的法定代表人或负责人、地址及其他开户资料发生变更时,应于5个工作日内书面通知开户银行并提供有关证明。

(二)银行结算账户变更的处理程序

1.填写变更银行结算账户申请书

变更银行结算账户申请书格式如图4—6所示。

变更银行结算账户申请书

<table>
<tr><td>账户名称</td><td colspan="5"></td></tr>
<tr><td>开户银行代码</td><td colspan="2"></td><td colspan="2">账号</td><td></td></tr>
<tr><td>账户性质</td><td colspan="5">基本(　)专用(　)一般(　)临时(　)个人(　)</td></tr>
<tr><td>开户许可证核准号</td><td colspan="5"></td></tr>
<tr><td colspan="6">变更事项及变更后内容如下:</td></tr>
<tr><td>账户名称</td><td colspan="5"></td></tr>
<tr><td>地　址</td><td colspan="5"></td></tr>
<tr><td>邮政编码</td><td colspan="5"></td></tr>
<tr><td>电　话</td><td colspan="5"></td></tr>
<tr><td>注册资金金额</td><td colspan="5"></td></tr>
<tr><td>证明文件种类</td><td colspan="5"></td></tr>
<tr><td>证明文件编号</td><td colspan="5"></td></tr>
<tr><td>经营范围</td><td colspan="5"></td></tr>
<tr><td rowspan="3">法定代表人
或单位负责人</td><td>姓　名</td><td colspan="4"></td></tr>
<tr><td>证件种类</td><td colspan="4"></td></tr>
<tr><td>证件号码</td><td colspan="4"></td></tr>
<tr><td colspan="2">关联企业</td><td colspan="4">变更后的关联企业信息填列在"关联企业登记表"中。</td></tr>
<tr><td colspan="2">上级法人或主管单位的
基本存款账户核准号</td><td colspan="4"></td></tr>
<tr><td colspan="2">上级法人或主管单位的名称</td><td colspan="4"></td></tr>
<tr><td rowspan="3">上级法人或主管
单位法定代表人
或单位负责人</td><td>姓　名</td><td colspan="4" rowspan="3"></td></tr>
<tr><td>证件种类</td></tr>
<tr><td>证件号码</td></tr>
<tr><td colspan="2">本存款人申请开立单位银行结算账户,并承诺所提供的开户资料真实、有效。
存款人(公章)
年　月　日</td><td colspan="2">开户银行审核意见:
经办人(签章)
开户银行(签章)
年　月　日</td><td colspan="2">中国人民银行审核意见:
经办人(签章)
中国人民银行(签章)
年　月　日</td></tr>
</table>

图4—6　变更银行结算账户申请书

变更银行结算账户申请书一式三份,其中:一份存款人留存,一份开户银行留存,一份由开户银行报送当地人民银行。

填写说明：

(1)账户名称。此处填写本单位的原名称。

(2)开户银行代码。此处填写开户银行代码。

(3)账号。此处填写该结算账户的账号。

(4)账户性质。此处应选择所要变更账户的性质，在相应的选项后括号内打“√”。

(5)开户许可证核准号。此处填写基本存款账户开户许可证上的核准号。

(6)变更事项及变更后的内容。这部分按与开户申请书相同的填写方法，在变更的项目后面填写变更后的内容。

(7)存款人(公章)。此处加盖单位行政公章。

2.提交相关证明材料

企业将加盖公章的变更银行结算账户申请书，连同相关证明材料文件及开户许可证在5个工作日内提交开户银行，由开户银行办理变更手续。

3.银行审核

银行收到存款人变更银行结算账户的申请后，应对存款人提交的变更申请资料的真实性、完整性、合规性进行审核，于2个工作日内将存款人的变更银行结算账户申请书、开户许可证以及有关证明材料报送中国人民银行当地分支行。其中，基本存款账户、预算单位专用存款账户、异地临时存款账户存款人符合变更条件的，由中国人民银行当地分支行核准其变更申请，收回原开户许可证，颁发新开户许可证；不符合变更条件的，中国人民银行当地分支行不核准其变更申请并退回有关资料。

五、单位银行结算账户的撤销

(一)银行结算账户撤销的基本规定

人民币银行结算账户的撤销是指存款人因开户资格或其他原因终止人民币银行结算账户使用的行为。有下列情形之一的，存款人应向开户银行提出撤销人民币银行结算账户的申请：

(1)被撤并、解散、宣告破产或关闭的。

(2)注销、被吊销营业执照的。

(3)因迁址需要变更开户银行的。

(4)其他原因需要撤销人民币银行结算账户的。

存款人有以上第(1)、第(2)项情形的，应于5个工作日内向开户银行提出撤销人民币银行结算账户的申请。存款人因第(1)、第(2)项原因撤销基本存款账户的,存款人基本存款账户的开户银行应自撤销人民币银行结算账户之日起2个工作日内将撤销该基本账户的情况书面通知该存款人其他人民币银行结算账户的开户银行;存款人其他人民币银行结算账户的开户银行,应自收到通知之日起2个工作日内通知存款人撤销有关人民币银行结算账户;存款人应自收到通知起3个工作日内办理其他人民币银行结算账户的撤销。存款人尚未清偿其开户银行债务的,不得申请撤销该账户。

银行通知存款人有第(1)、第(2)项情况,存款人超过规定期限未主动办理撤销人民币银行结算账户手续的,银行有权停止其人民币银行结算账户的对外支付。

(二)银行结算账户撤销的处理程序

1.填写撤销银行账户申请书

撤销银行账户申请书格式如图4—7所示。

撤销银行账户申请书

账户名称			
开户银行名称			
开户银行代码		账号	
账户性质			
开户许可证核准号			
销户原因			
本存款人申请撤销上述银行账户。 存款人(签章) 年　月　日		开户银行审核意见: 开户银行(签章) 年　月　日	

图4—7　撤销银行账户申请书

撤销基本存款账户、临时存款账户及预算单位专用账户,填写本表一式三份,其中:一份存款人留存,一份开户银行留存,一份由开户银行报送中国人民银行当地分支机构。撤销一般存款账户、专用存款账户,填写本表一式两份,其中:一份存款人留存,一份开户银行留存。

填写说明:

(1)账户名称、账号、账户性质、开户银行名称。这几处的填写方法与上述变更申请书的填写方法相同。

(2)销户原因。例如,解散、破产、关闭、吊销营业执照和迁址等。

2.提交有关证明资料

存款人撤销银行结算账户,必须与银行核对存款余额,交回各种重要的空白票据、结算凭证，撤销基本存款账户还需要交回开户许可证。

3.银行受理

银行在收到存款人撤销银行结算账户的申请后，对于符合销户条件的，应当在2个工作日内办理撤销手续，同时于撤销之日起2个工作日内向中国人民银行当地分支行报告。

六、单位银行结算账户分类设置的作用

《人民币银行结算账户管理办法》（以下简称《办法》）规定，单位人民币银行结算账户按用途分为基本存款账户、一般存款账户、专用存款账户、临时存款账户。

银行结算账户按照四种账户类型进行分类，一是为了适应存款人规范财务管理的需要，随着经济发展和市场经济的变化，企业经营行为日趋多样化，为了更好地管理具有不同来源和用途的资金，存款人需要开立不同类别的银行结算账户；二是为了适应企业单位经济活动的需要，由于一些企业单位经营方式的变化和管理制度的改革，需要开立相适应的银行结算账户；三是为了有效监督和控制国家法律、行政法规和规章规定要专户存储的专项资金的使用，由于政府对一些专项资金的使用规定了不同的管理要求，存款人必须按照规定开立和使用相应的账户种类，才能有效地监督和控制各类专项资金的使用。因此，《办法》为了适应存款人的需要、资金性质和管理的需要，为了加强对单位银行结算账户的管理，将单位银行结算账户进行了科学、合理的分类。

从《办法》的具体规定来看，四类单位银行结算账户既相互独立，又相互联系。存款人只能在银行开立一个基本存款账户，已开立基本存款账户的存款人，开立、变更或撤销其他三类账户，必须凭基本存款账户开户登记证办理相关的手续，并在基本存款账户开户登记证上进行相应的登记，便于全面反映和控制存款人的各类银行结算账户开、销户情况，加强对银行结算账户的管理。由此，体现了基本存款账户在四类单位银行结算账户中处于统御地位，它是单位开立其他银行结算账户的前提，其他三类单位银行结算账户则作为其他功能和作用的有益补充。同时，由于当前大多数个体工商户未以字号在工商行政管理部门注册，多以自然人身份开立储蓄账户并用于办理经营性资金的支付结算，导致个体工商户经营性资金和消费性资金无法区分，既不方便其办理结算，也不利于加强对银行结算账户的管理。为解决上述矛盾，《办法》明确规定，个体工商户凭营业执照以字号或者营业者姓名开立的银行结算账户纳入单位银行结算账户的管理。此规定具有积极的现实意

义：一是有利于提高个体工商户的经济地位，促进个体经济健康发展。个体工商户作为非公有制经济的重要组成部分，应同其他经济组织享有平等的生产经营权利，其身份应受到重视，贡献应得到认可，权利应得到保障。《办法》将其纳入单位银行结算账户管理，表明个体工商户开立的银行结算账户将享有与单位银行结算账户相同的银行结算服务。二是有利于满足个体工商户的支付结算需要，规范其财务管理。个体工商户从事经营活动存在各种结算需要，《办法》将个体工商户银行结算账户纳入单位银行结算账户管理，有利于银行为其提供各种支付结算服务。如果将其纳入个人银行结算账户使用和管理，由于《办法》对单位资金转入个人银行结算账户有许多硬性规定，这样就可能不便于个体工商户经营活动的款项结算，影响其正常的生产经营活动。同时，个体工商户也具有把生产经营性资金与个人消费资金分开的内在要求，有利于个体工商户加强对其生产经营的财务管理。

七、单位银行结算账户的管理与罚则

（一）银行对银行结算账户的管理

中国人民银行是人民币银行结算账户的监督管理部门，负责监督、检查人民币银行结算账户的开立和使用，按照有关规定对存款人、银行违反人民币银行结算账户管理规定的行为予以处罚；负责对人民币银行结算账户的开立和使用实施监控和管理；负责基本存款账户、临时存款账户和预算单位专用存款账户开户登记证的管理。任何单位和个人不得伪造、变造及私自印制开户登记证。

银行应明确专人负责对人民币银行结算账户的开立、使用和撤销的审查和管理，负责对存款人开户申请资料的审查，并按照《办法》的规定及时报送存款人开、销户信息资料，建立健全开、销户登记制度，建立人民币银行结算账户管理档案，按会计制度进行管理。人民币银行结算账户管理档案的保管期限为人民币银行结算账户撤销后 10 年。

银行应对已开立的单位人民币银行结算账户实行年检制度，检查开立的人民币银行结算账户的合规性，核实开户资料的真实性；对不符合《办法》规定开立的单位人民币银行结算账户，应予以撤销。对经核实的各类人民币银行结算账户的资料变动情况，应及时报告中国人民银行当地分支行。

银行应对存款人使用人民币银行结算账户的情况进行监督，对存款人的可疑支出应按照中国人民银行规定的程序及时报告。

(二)违反银行结算账户使用规定的处罚

1.存款人违反银行结算账户开立、撤销规定的处罚

存款人开立、撤销银行结算账户,不得有下列行为:

(1)违反《办法》开立规定;

(2)伪造、变造证明文件欺骗银行开立银行结算账户;

(3)不按规定及时撤销银行结算账户。

非经营性的存款人有上述所列行为之一的,给予警告并处以1 000元的罚款;经营性的存款人有上述所列行为之一的,给予警告并处以1万元以上3万元以下的罚款;构成犯罪的,移交司法机关依法追究刑事责任。

2.存款人违反银行结算账户使用规定的处罚

存款人使用银行结算账户,不得有下列行为:

(1)违反规定将单位款项转入个人银行结算账户;

(2)违反规定支取现金;

(3)利用开立银行结算账户逃废银行债务;

(4)出租、出借银行结算账户;

(5)从基本存款账户之外的银行结算账户转账存入、将销货收入存入或现金存入单位信用卡账户;

(6)法定代表人或主要负责人、存款人地址以及其他开户资料的变更事项未在规定期限内通知银行。

非经营性的存款人有上述所列(1)至(5)项行为的,给予警告并处以1 000元的罚款;经营性的存款人有上述所列(1)至(5)项行为的,给予警告并处以5 000元以上3万元以下的罚款;存款人有上述所列第(6)项行为的,给予警告并处以1 000元的罚款。

3.银行违反银行结算账户开立规定的处罚

银行在银行结算账户的开立中,不得有下列行为:

(1)违反《办法》规定为存款人多头开立银行结算账户;

(2)明知或应知是单位资金,而允许以自然人名称开立账户存储。

银行有上述所列行为之一的,给予警告并处以5万元以上30万元以下的罚款;对该银行直接负责的高级管理人员、其他直接负责的主管人员、直接责任人员按规定给予纪律处分;情节严重的,中国人民银行有权停止对其开立基本存款账户的核准,责令该银行停业整顿或者吊销经营金融业务许可证;构成犯罪的,移交司法机关依法追究刑事责任。

4.银行违反银行结算账户使用规定的处罚

银行在银行结算账户的使用中，不得有下列行为：

（1）提供虚假开户申请资料欺骗中国人民银行许可开立基本存款账户、临时存款账户、预算单位专用存款账户；

（2）开立或撤销单位银行结算账户，未按《办法》规定在其基本存款账户开户登记证上予以登记、签章或通知相关开户银行；

（3）违反规定办理个人银行结算账户转账结算；

（4）为储蓄账户办理转账结算；

（5）违反规定为存款人支付现金或办理现金存入；

（6）超过期限或未向中国人民银行报送账户开立、变更、撤销等资料。

银行有上述所列行为之一的，给予警告并处以 5 000 元以上 3 万元以下的罚款；对该银行直接负责的高级管理人员、其他直接负责的主管人员、直接责任人员按规定给予纪律处分；情节严重的，中国人民银行有权停止对其开立基本存款账户的核准；构成犯罪的，移交司法机关依法追究刑事责任。

5. 违反规定，伪造、变造、私自印制开户登记证的处罚

违反规定，伪造、变造、私自印制开户登记证的存款人，属非经营性的，处以 1 000 元罚款；属经营性的，处以 1 万元以上 3 万元以下的罚款；构成犯罪的，移交司法机关依法追究刑事责任。

八、银行存款核算实务

（一）银行存款内部控制制度

银行存款内部控制制度

银行存款与现金一样具有很强的流动性，每个企事业单位的大部分经济业务是通过银行存款的收付过程来完成的。为了保证银行存款的安全性和完整性，应建立和完善银行存款的内部会计控制体系，加强对银行存款的管理和控制。

1. 银行存款授权批准制度

（1）设置专职出纳人员管理银行存款。①每个单位应当委派专职的出纳人员负责银行存款的收入和支出，其他人未经授权一律不能经管银行存款，并限制他人接近银行存款；如出纳人员确实因故需要暂时离开岗位时，必须由总会计师或财务部负责人指派他人代管，但是必须办理交接手续。②负责经办银行存款的出纳人员除登记现金日记账和银行存款日记账，不得兼管总分类账和明细分类账的登记工作。

（2）建立严格的银行存款授权批准制度。每个单位都必须建立严

格的银行存款授权批准制度，保证审批人员在授权范围内行使职权，进行审批。单位发生银行存款收付业务，必须经过由单位授权批准的负责人审批，并授权具体人员经办。一般情况下，银行存款的收付必须经财务部经理或会计主管审核、总会计师或总经理批准方可办理。

2. 银行存款内部牵制制度

内部牵制制度的核心就是银行存款业务中不相容职务的分离，体现了钱账分管、内部牵制的原则。具体包括：

(1)银行存款收付业务授权与经办职务相互分离；

(2)银行存款收付业务经办与审查职务相互分离；

(3)银行存款收付业务经办与记账职务相互分离；

(4)银行存款票据管理与银行存款日记账职务相互分离；

(5)银行存款各种票据的保管与签发职务相互分离，其中包括银行单据保管与印章保管职务相互分离；

(6)银行存款收付凭证填制与银行存款日记账登记职务相互分离；

(7)银行存款日记账与银行存款总账职务相互分离；

(8)银行存款登账与审核职务相互分离。

3. 银行存款记录与审核控制制度

单位对其银行存款收付业务在编制记账凭证、登记银行存款账簿进行反映和记录之前，都必须经过仔细审核，只有审核无误的凭证才能作为会计记录的依据。其具体内容有：

(1)办理银行存款业务中，各种银行存款收付原始凭证必须如实填明款项的来源和用途，不得巧立名目、弄虚作假、套取现金、套购物资，严禁用账户搞非法活动。

(2)出纳人员必须根据审核无误的银行存款收付原始凭证办理结算。办理银行结算后的原始凭证和结算凭证，必须加盖“收讫”或“付讫”戳记。

出纳人员在审核银行存款收付原始凭证时，严格按结算纪律执行。发票有涂改现象一律不予受理，对违反财经政策、财务规定及手续不完备的开支一律拒收、拒付，并将问题上报单位领导。

(3)出纳人员要根据审核无误的银行存款收付原始凭证及时、正确地登记银行存款日记账，重视对账工作，发现不符，及时与银行联系，尽快查对清楚。

(4)会计人员应该根据审核无误的银行存款原始凭证或原始凭证汇总表填制记账凭证。

(5)会计人员根据审核无误的银行存款收付凭证或科目汇总表登

记银行存款总账。

4.银行存款记录与文件管理控制制度

为了将已经发生的经济业务进行完整的反映，必须对与银行存款有关的文件加以适当的整理、管理和保存，进行内部会计控制。具体包括：

(1)收款和付款凭证都必须连续编号；

(2)银行支票、银行汇票、银行本票和商业汇票要有专人负责管理；

(3)银行支票、银行汇票、银行本票和商业汇票领用时，必须经过财务部经理或总会计师批准，并经领用人签字；

(4)应该使用事先编号的发货单、发票、支票等；

(5)各种银行结算凭证的使用必须按照《支付结算办法》的规定进行。

5.银行存款核对控制制度

(1)账证核对。它是指银行存款日记账与银行存款原始凭证及收付款凭证相互核对。账证核对要按照业务发生的先后顺序一笔一笔地进行。检查的主要项目有：核对凭证的编号；检查记账凭证与原始凭证是否完全相符；查对银行存款日记账与凭证的金额和方向的一致性。

(2)账账核对。它是指银行存款日记账与银行存款总账的核对，是在稽核人员的监督下，出纳人员与银行存款总账会计将银行存款日记账和银行存款总账的发生额和余额进行核对，并相互取得对方签字以对账。在平时就应该经常核对两账的余额，至少于每月终了结账后进行核对；银行存款总账中的借方发生额、贷方发生额及余额要同银行存款日记账中的本月收入(借方)合计数、本月支出(贷方)合计数及余额进行核对。如有差错，立即进行更正，做到账账相符。

(3)账实核对。它是出纳人员将其银行存款日记账与银行对账单进行核对，每月至少一次，这是出纳人员的一项重要日常工作。在核对中，一般而言，两者是不相等的，既可能是正常的未达账项，也不排除人为的因素。所以，单位要加强这方面的管理和控制，及时编制“银行存款余额调节表”进行调节，使双方余额相等。发现问题，及时报财务主管和单位领导。

(二)银行存款收付凭证

银行存款收付凭证是出纳办理银行存款收付业务的主要依据，包括原始凭证和记账凭证。

银行存款收付凭证及业务处理程序

1.银行存款原始凭证

银行存款原始凭证是出纳收入和支出银行存款的会计凭证。主要是各种票据和结算凭证，如银行汇票、商业汇票、支票等。具体内容将在之后的任务中详细介绍。

2. 银行存款记账凭证

银行存款记账凭证是根据银行存款收付原始凭证编制的银行存款收款凭证、银行存款付款凭证或银行存款通用记账凭证。

（三）银行存款收付业务处理程序

1. 单位银行存款收付业务处理程序

银行存款的结算方式有许多种，不同结算方法的业务处理程序也会有所不同，但归纳起来，主要有以下几个步骤：

（1）由业务部门负责人根据业务需要，按照有关结算规定，授权经办人员办理涉及银行存款收付的经济业务或往来款项的收付。

（2）经办人员在具体办理有关经济业务时，应事先与对方商定结算的方式和结算的时间，并以合同或其他契约方式予以明确。然后按照财务制度的有关规定，填制或取得原始凭证（如销货发票），并在原始凭证上签字或盖章。

（3）财务部指定专人负责审核原始凭证的真实性、合法性和合规性后，对于真实、合法和合规的原始凭证批准办理银行存款收支结算。

（4）出纳人员根据会计人员审核签章的原始凭证，按照会计制度规定的手续和合同规定的结算方式填制或取得银行存款结算凭证，及时办理结算业务。

（5）会计主管或指定人员将结算凭证回单联与原始凭证核对无误后签章，交会计人员编制记账凭证。

（6）会计人员根据审核无误的结算凭证和原始凭证编制银行存款收款凭证和付款凭证，交有关稽核人员复核。

（7）有关稽核人员复核银行存款收款凭证和付款凭证并签章，交出纳人员登记银行存款日记账，然后交会计人员登记有关明细账和总账。

（8）月末，核对银行存款日记账和银行对账单，编制“银行存款余额调节表”。同时将银行存款日记账与有关的总账及明细账进行核对，如有差错，应及时报经批准后予以处理。

2. 出纳人员银行存款收付业务处理程序

出纳人员银行存款收付业务处理程序在项目三的现金送存和提取程序中已详细介绍，这里不再赘述。

【任务实施】

简述银行账户开立、变更和撤销的基本程序。

任务三　支票结算业务

【任务引入】

林某毕业后成功应聘为某企业的出纳人员，某日，采购部张某拿着采购合同和采购发票，要求林某填开一张转账支票，林某需要了解哪些出纳知识呢？

【知识准备】

一、支票结算的概念、支票的分类及特点

(一)支票结算的概念

支票是指由出票人签发的、委托办理支票存款业务的银行在见票时无条件支付确定的金额给收款人或者持票人的票据。

支票结算是指利用支票来办理款项往来结清和支取现金的一种结算方式。在支票结算关系中涉及以下三方面的当事人：

(1)出票人。是指在经中国人民银行当地分支行批准办理支票业务的银行机构开立可以使用支票的存款账户的单位和个人。

(2)持票人。是指收款单位或个人。

(3)付款人。是指支票上记载的出票人开户银行。

(二)支票的分类及相关凭证

1. 支票的分类

支票分为现金支票、转账支票、普通支票三种。

(1)支票上印有“现金”字样的为现金支票。现金支票只能用于支取现金。现金支票正面分为存根联和正联(底纹按行别分色，大写金额栏加红水纹)，其内容和格式如图4—8所示。现金支票不能背书转让。

(2)支票上印有“转账”字样的为转账支票。转账支票只能用于转账。转账支票一页两面：正面分为存根联和正联(底纹按行别分色，大写金额栏加红水纹)，其内容和格式如图4—9所示；背面内容和格式如图4—10所示。

(3)支票上未印有“现金”或“转账”字样的为普通支票。普通支票可以用于支取现金，也可以用于转账。普通支票也为一页两面：正面分为存根联和正联(底纹按行别分色，大写金额栏加红水纹)，其内容和格式如图4—11所示；背面内容和格式与转账支票的背面相同，如

图 4—10 所示。

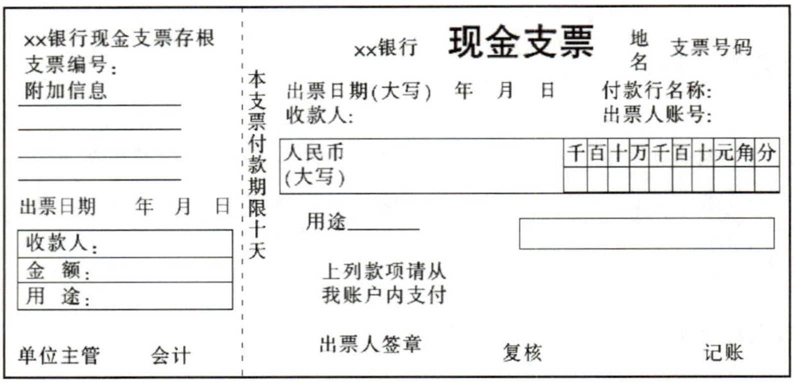

××银行现金支票存根
支票编号：
附加信息
出票日期 年 月 日
收款人：
金 额：
用 途：
单位主管 会计

本支票付款期限十天

××银行 现金支票 地名 支票号码
出票日期(大写) 年 月 日 付款行名称：
收款人： 出票人账号：
人民币(大写) 千 百 十 万 千 百 十 元 角 分
用途
上列款项请从
我账户内支付
出票人签章 复核 记账

图 4—8 现金支票

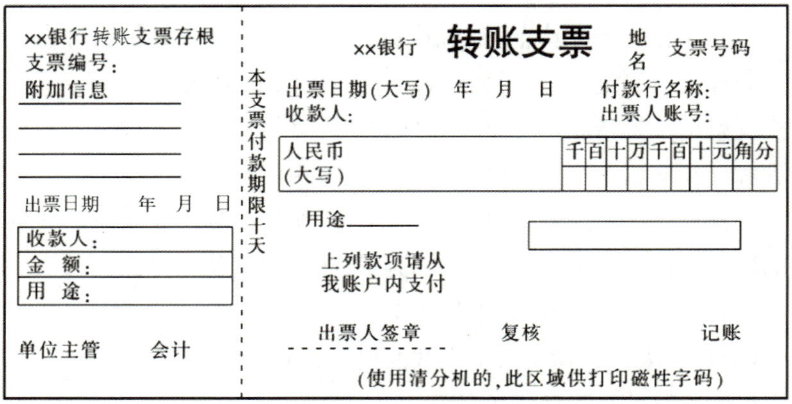

××银行转账支票存根
支票编号：
附加信息
出票日期 年 月 日
收款人：
金 额：
用 途：
单位主管 会计

本支票付款期限十天

××银行 转账支票 地名 支票号码
出票日期(大写) 年 月 日 付款行名称：
收款人： 出票人账号：
人民币(大写) 千 百 十 万 千 百 十 元 角 分
用途
上列款项请从
我账户内支付
出票人签章 复核 记账
(使用清分机的，此区域供打印磁性字码)

图 4—9 转账支票

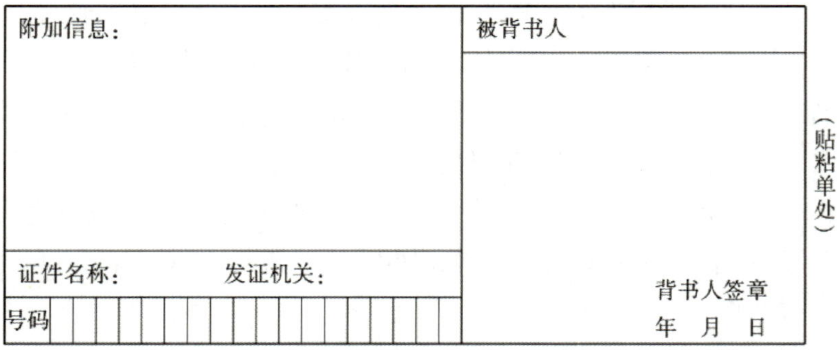

附加信息：
证件名称： 发证机关：
号码
被背书人
背书人签章
年 月 日
(贴粘单处)

图 4—10 支票背面

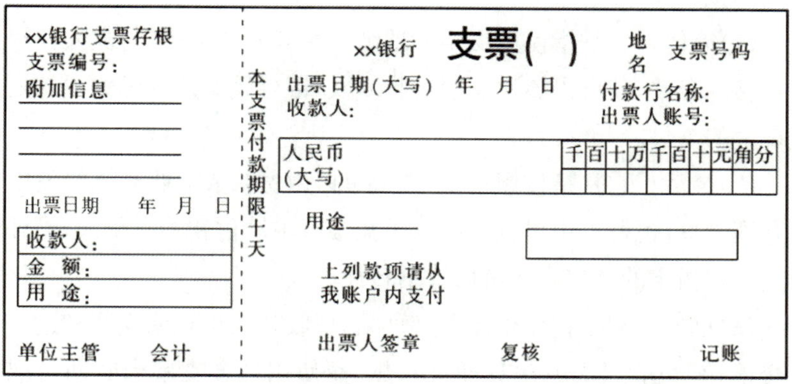
××银行支票存根
支票编号：
附加信息
出票日期　年　月　日
收款人：
金　额：
用　途：
单位主管　会计
本支票付款期限十天
××银行　支票（　）　地名　支票号码
出票日期(大写)　年　月　日　付款行名称：
收款人：　出票人账号：
人民币(大写)　千 百 十 万 千 百 十 元 角 分
用途
上列款项请从我账户内支付
出票人签章　复核　记账

图 4—11　普通支票

在普通支票的左上角划两条平行线的，为划线支票，划线支票只能用于转账，不得支取现金。

2. 进账单

出票人或持票人将支票送交银行时，必须同时填写银行进账单。

银行进账单分为两联式银行进账单和三联式银行进账单。不同持票人应按照规定使用不同的银行进账单。两联式银行进账单的第一联为给持票人的回单（即收账通知），第二联为银行的贷方凭证。三联式银行进账单的第一联为回单（其格式和内容如图 4—12 所示），第二联为银行的贷方凭证，第三联为收款人的收账通知。

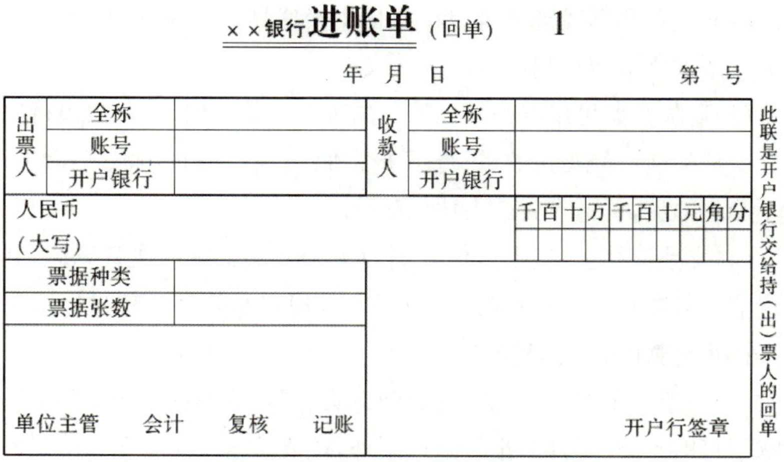
××银行进账单（回单）　1
年　月　日　第　号
出票人：全称　账号　开户银行
收款人：全称　账号　开户银行
人民币(大写)　千 百 十 万 千 百 十 元 角 分
票据种类
票据张数
单位主管　会计　复核　记账
开户行签章
此联是开户银行交给持（出）票人的回单

图 4—12　银行进账单

（三）支票的特点

支票结算具有简便、灵活、迅速和可靠的特点，是目前较为常用的一种同城结算方式。

(1)简便。它是指使用支票办理结算手续简便,只要付款人在银行有足够的存款,就可以签发支票给收款人,银行凭支票办理款项的划拨或现金的支付。

(2)灵活。它是指按照规定,支票可以由付款人向收款人签发以直接办理结算,也可以由付款人出票委托银行主动付款给收款人,另外转账支票在指定的城市中还可以背书转让。

(3)迅速。它是指使用支票办理结算,收款人将转账支票和进账单送交银行,一般当天或次日即可入账,而使用现金支票当时即可取得现金。

(4)可靠。它是指银行严禁签发空头支票,各单位必须在银行存款余额内才能签发支票,因而收款人凭支票就能取得款项,一般不存在得不到正常支付的情况。

二、支票的有关规定

(一)支票的使用规定

支票结算的基本规定如下:

(1)支票的金额、收款人名称可以由出票人授权补记,未补记前不得背书转让和提示付款。

(2)用于支取现金的现金支票和未划线的普通支票均不得背书转让。转账支票和划线支票可以在票据交换区域内背书转让,未划线的普通支票如背书转让则不能用于支取现金。

(3)遗失支票可以挂失。已签发的现金支票遗失,可以向银行申请挂失。挂失前已经支付的,银行不予受理。已签发的转账支票遗失,银行不受理挂失,可请求收款人协助防范。

(4)支票一律记名,提示付款期为10天(从签发的次日算起,到期日遇节假日顺延)。但中国人民银行另有规定的除外。超过提示付款期限提示付款的,持票人开户银行不予受理,付款人不予付款。

(5)出票人不准签发远期支票和空头支票,不得签发与其预留银行签章不符的支票。否则,银行除退票外,还要按票面金额处以5%但不低于1 000元的罚款;持票人有权要求出票人按票面金额的2%进行赔偿。

(6)只有存款人可以领购支票凭证。存款人领购支票时,必须填写“票据和结算凭证领用单”并签章,签章必须与预留银行的签章相符。

(二)支票填写应注意的问题

支票填写应注意以下几个问题：

(1)出票日期必须大写，大写数字写法：零、壹、贰、叁、肆、伍、陆、柒、捌、玖、拾。如2008年8月5日，贰零零捌年捌月零伍日，捌月前零字可写也可不写，伍日前零字必写。

(2)应在人民币小写最高金额的前一位空白格填上“￥”符号，数字填写要求完整清楚。

(3)“用途”要正确填写。现金支票有一定限制，一般填写“备用金”“差旅费”“工资”“劳务费”等。转账支票没有具体规定，可填写“货款”“代理费”等。

(4)支票正面必须盖章。支票正面盖财务专用章和法人章，缺一不可，印泥为红色，印章必须清晰，若印章模糊，只能将本张支票作废，换一张重新填写，重新盖章。支票背面是否盖章，应视如下情况而定：当现金支票收款人为本单位时，现金支票背面“收款人签章”栏内应加盖本单位的财务专用章和法人章，凭盖章后的现金支票可直接到开户银行提取现金；当收款人为个人时，现金支票背面不盖章，收款人可在现金支票背面填上身份证件名称、号码和发证机关，凭身份证件和现金支票签字取款。转账支票背面本单位不盖章。收款单位取得转账支票后，在支票背面“被背书人”栏内加盖收款单位财务专用章和法人章，并连同填写好的“银行进账单”交收款单位的开户银行委托其收款。

(5)支票正面不能有涂改痕迹，否则作废。

三、支票的签发和使用

(一)支票的领购

各单位在经济结算中往往要采用支票结算方式进行结算，同时需要签发支票，而签发支票的前提就是先向银行领购支票。

单位领购支票时，应由出纳人员填制“空白支票请购单”，并在第一联上加盖预留银行印鉴，送交银行办理，具体填写要求以银行为准。银行经核对印鉴相符后，发给申请企业空白支票，同时按规定收取一定的工本费和手续费。

按规定，每个账户一次只准购买一本支票，业务量大的可适当放宽。出售时，每张支票上要加盖银行的名称和签发人账号。

对空白支票，必须明确指定专人妥善保管，要贯彻票、印分管的原则，空白支票和印章不得由一人负责保管。这样可以明确责任，形成制约机制，防止舞弊行为。

单位撤销、合并或因其他原因结清账户时，应将剩余未用的空白支票交回银行，切角作废。

(二)支票的签发

支票应由财会人员或使用人员签发，不得将支票交给收款人代为签发。支票存根要同其他会计凭证一样妥善保管。

签发支票应使用墨汁或碳素墨水填写。中国人民银行另有规定的除外。

支票大小写金额和收款人不得涂改。其他内容如有更改，必须由签发人加盖预留银行的印鉴之一以证明。

我国《票据法》规定和承认空白支票这一形式。对汇票、本票不允许签发空白票据授权他人补充。《票据法》第八十五条规定："支票上的金额可以由出票人授权补记，未补记前的支票，不得使用。"第八十六条第一款规定："支票上未记载收款人名称的，经出票人授权，可以补记。"我国《票据法》并未承认预留票据到期日的空白支票，该法第九十条规定："支票限于见票即付，不得另行记载付款日期。另行记载付款日期的，该记载无效。"

签发支票必须记载下列事项：(1)表明"支票"的字样；(2)无条件支付的委托；(3)确定的金额；(4)付款人名称；(5)出票日期(大写)；(6)出票人签章。

欠缺记载上列事项之一的支票无效。

1. 现金支票的签发

现金支票有两种：一种是支票上印有"现金"字样的现金支票；另一种是用于支取现金的普通支票。各单位使用现金支票或普通支票(以下均称为现金支票)时，必须按《现金管理暂行条例》中的现金使用范围及有关要求办理。根据国家有关现金管理的规定，凡在银行和其他金融机构开立账户的机关、团体、部队、企事业单位和其他单位及个人，只能在允许使用现金的范围内签发现金支票。

(1)签发现金支票必须写明收款单位名称或收款人姓名，并只准收款方或签发单位持票向银行提取现金或办理转账结算，不得将现金支票流通。

(2)签发现金支票首先必须查验银行存款是否有足够的余额，签发的支票金额必须在银行存款账户余额以内，不准超出银行存款账户余额签发空头支票。

(3)签发现金支票不得低于银行规定的金额起点，起点以下的用库存现金支付。支票金额起点为100元，但结清账户时，可不受其起点的限制。

(4)要严格执行支票有效期限的规定。

(5)支票的持票人应当自出票日起10日内提示付款,异地使用的支票,其提示付款的期限由中国人民银行另行规定。超过提示付款期限的,付款人可以不予付款。

(6)各单位在填写现金支票时,应按有关规定认真填写支票中的有关栏目。现金支票需填写的内容包括收款人和开户银行名称、支票号码、签发日期、签发人账号、大小写金额、用途等项目,填写时必须要素齐全、内容真实、数字正确、字迹清晰,不潦草、不错漏,做到标准、规范,无涂改。

出纳人员签发好现金支票后,撕下正联即可到银行办理取现或将正联交给收款人;出纳人员根据现金支票存根联登记银行存款日记账,或交由会计人员编制银行存款付款凭证后登记银行存款日记账。

2.转账支票的签发

转账支票的签发与现金支票基本相同。不同之处是:

(1)经中国人民银行总行批准的地区,转账支票可以背书转让。

(2)转账支票的收账手续不同,收款单位在收到转账支票时,除审核有关项目外,需填制进账单,连同转账支票送交开户银行,并根据银行退回的加盖银行印章的进账单第一联(回单)编制收款凭证,出纳人员据以登记银行存款日记账。

在日常业务中,有时付款单位签发转账支票后,同时代收款单位填制银行进账单,将支票连同进账单一并送交银行后,将银行盖章的进账单第一联送交收款单位,收款单位可据以编制收款凭证,出纳人员据以登记银行存款日记账。

(三)支票的使用

持票人可以委托开户银行收款或直接向付款人提示付款。用于支取现金的支票,仅限于向付款人提示付款。

出票人在付款人处的存款足以支付支票金额时,付款人应当在见票当日足额付款。

1.现金支票的使用

付款单位签发现金支票后,根据交易,可以直接把支票交给收款单位,由其自行到出票人开户银行提取现金;也可以自己持支票到本单位开户银行提取现金,再支付给收款单位。收款单位在收到现金支票后,应首先对支票进行审查,以免收进无效支票或假支票。审查的内容包括以下几个方面:

(1)支票收款单位是否为本单位。

(2)支票的各项内容是否填写齐全,在签发单位盖章处是否加盖了单位印章,大小写金额和收款人有无涂改,其他内容如果有涂改是否加盖了预留银行印鉴以示对涂改负责。

(3)支票大小写金额填写是否正确、相符。

(4)支票是否在付款期内。

(5)背书转让支票的背书是否正确、连续。

(6)支票书写是否用墨汁或碳素墨水,填写是否清晰。

收款单位的出纳人员对现金支票审查无误后,即可在支票背面签字或加盖本单位印章(如果收款人为个人,还必须携带本人身份证件),直接到其开户银行提取现金。

2.转账支票的使用

收款单位收到转账支票后,首先对支票进行审查,审查内容与现金支票相同。收款单位出纳人员对转账支票审查无误后,填制一式三联的进账单,连同支票一起交到其开户银行办理票款入账。

开户银行对送来的支票、进账单审查无误后,持票人、出票人在同一银行机构开户的,在进账单第一联上加盖业务公章,在第三联上加盖转讫章作为收账通知一并交给持票人,通知其票款已进账;持票人、出票人不在同一银行机构开户的,持票人开户银行应在进账单上按票据交换场次加盖“收妥后入账”的戳记,第一联进账单上加盖业务公章退持票人作为银行受理回单,将支票按同城票据交换有关规定及时提出交换,待退票时间过后,第二联进账单作为贷方凭证,同时将第三联进账单加盖转讫章退持票人。

持票人委托银行收款的支票,应做背书,银行应通过票据交换系统收妥后入账。委托收款背书的方法是,未经背书转让的持票人(支票上载明的收款人)向开户银行办理委托收款时,应在转账支票背面左起第一个“背书人签章”栏内填写“委托收款”字样和日期(可用阿拉伯数字)并签章,同时,在该背书栏上面的“被背书人”栏填明开户银行。如果是经背书转让的支票,应在支票背面或粘单上的最后背书人右侧的“背书人签章”栏内比照前次模式做成委托收款背书。主动付款不需做委托收款背书。

收款单位根据其开户银行盖章退回的进账单第三联编制银行存款收款凭证。

如果付款单位签发转账支票后,直接送交其开户银行办理款项划拨给收款人业务的,付款单位财务部门填制一式三联进账单。在进账单上，本单位为付款人，交易对方单位为收款人，之后把填好的进账单连同支票一起送交本单位开户银行。银行审查无误后，在支票和三联进账单上加盖转讫章，并把第三联进账单作为收款通知送交收款单位。

（四）支票的反存

支票反存就是收款方带收到的转账支票（或付款方带开出的转账支票），直接到付款单位（出票单位）的开户银行填写银行进账单，收款人、付款人不变，优点是减少了票据交换的时间，使款项尽快到账。办理反存的支票反面必须盖章。

四、支票的付款

支票的付款是指开户银行受出票人的委托和授权，从其存款中支付支票票款的行为。

（一）支票的验付

银行收到收款人或持票人提交的支票后，应首先对支票进行审核，审核的内容如下：

（1）支票和进账单填写的内容是否一致，金额是否相符。

（2）支票上的大小写金额是否一致。

（3）支票出票日期是否为大写。

（4）支票上的金额是否超过结存余额（空头支票）。

（5）支票是否在付款期内。

（6）支票上的签名和印鉴是否与其预留银行印鉴相符。

（7）支票上记载的内容如果有更改，有无签发人签字或盖章。

（8）支票上的记名及背书是否符合规定。

如果发现支票上的各项内容有不符规定之处，银行即不予支付支票票款。

（二）支票的退票

如果支票上记载的各项内容有不符或票件不完备时，银行不能支付，将支票退还持票人，由持票人向其签发支票人追索，这个过程称为退票。银行退票时，出具“退票理由书”，填明退票原因，并将之与支票、进账单一起退回给持票人（可以是收款人，也可以是付款人）。退票理由书的基本格式如图4—13所示。

（三）支票的止付

支票的止付是指支票的持票人遗失支票后，以书面形式通知银行停止支付支票票款。但是，银行在接到支票持有人通知前已经支付票款而造成持有人损失的，由其自行负责。按照规定：

退票理由书

出票单位：　　　　　　　　　　　　年　月　日

票据号码：

项　　目	内　　容	退票理由
账户余额不足	存款不足	
	超过放款批准额度或经费限额	
内容填写	非用墨汁或碳素墨水填写	
	金额大小写得不全，不清楚	
	未填写收款单位	
	未填写款项用途	
	按照国家政策规定不能支付的款项	
日期	出票日期已过有效期	
	非即期支票	
背书签字	背书人签章不清、不全，空白	
	背书人签章与预留银行印鉴不符	
涂改	支票大小写金额和收款人名称涂改	
	日期、账号等涂改处未盖预留银行印鉴证明	
其他	此户已结清，无此账户	
	已经出票人申请止付	
	非本行承兑支票	
	非该户领购此支票	

图 4—13　退票理由书

(1)已签发的现金支票遗失，可以向银行申请挂失，申请挂失时，签发人应出具公函或有关证明，并加盖预留银行印鉴，同时交付一定的挂失手续费；银行收取挂失手续费，受理申请单位挂失后，在签发人账户的明显处用红笔注明“×年×月×日第×号支票挂失止付”字样，并将公函或有关证明一并保管。

(2)已签发的转账支票遗失，银行不予挂失，但付款单位可以请求收款单位协助防范。

五、支票结算的管理

由于支票可以由付款人自行签发，而且还可以直接向银行提取现金，所以各单位建立健全支票结算内部管理制度、加强对支票结算的管理和控制具有重要的意义。单位对支票结算的管理主要包括以下几个方面：

1. 建立健全内部管理制度

(1)单位支票的管理由财务部门负责，并指定专门人员负责保管银行发售的支票。

(2)有关部门和人员领用支票一般必须填制专门的“支票领用单”，并说明领用支票的用途、日期、金额，由经办人员签章，经有关领导批准。

(3)支票由指定的出纳人员签发。出纳人员根据“支票领用单”签发支票，并在“支票签发登记簿”上加以登记。

(4)建立空白支票登记、销号制度，严格控制空白支票的签发。空白支票登记、销号制度主要是通过设置“空白支票签发登记簿”实现的。领用人领用支票时，要在登记簿“领用人”栏签名或盖章；领用人将支票存根或未使用的支票交回时，要在登记簿“销号”栏销号并注明销号日期。

(5)支票和预留银行印鉴、支票密码单应分别存放，专人保管。

2. 合理安排资金，防止资金使用与财务脱节

(1)建立支票报账制度，单位内部领用支票的有关部门和人员应按规定及时报账。

(2)单位财务部门应严格控制领用支票的数量，并随时掌握每张支票的去向，避免给财务部门合理安排资金使用造成困难，防止签发空头支票。

3. 经常、及时核对账目，为合理使用资金、安排生产经营活动服务

(1)单位财务部门要及时与开户银行核对往来账目，随时了解未达账项，解决存在的问题。

(2)建立接收支票的审查制度，防止支票诈骗和冒领事件。

六、支票结算的程序

(一)现金支票结算的基本程序

(1)开户单位用现金支票提取现金时，由单位出纳人员签发现金支票并加盖银行预留印鉴后，到开户银行提取现金。

(2)开户单位用现金支票向外单位或个人支付现金时，由付款单位出纳人员签发现金支票并加盖银行预留印鉴和注明收款人后交收款人，收款人持现金支票到付款单位开户银行提取现金，并按照银行的要求交验相关证件。

(二)转账支票结算的基本程序

(1)由签发人交收款人办理结算，其结算程序为：①付款人签发转

账支票，交收款人；②收款人持票并填进账单到开户银行办理入账；③银行间办理划拨；④收款人开户银行下收款通知。

（2）由付款人签发，委托开户银行办理结算，其结算程序为：①付款人签发转账支票并填进账单，直接交其开户银行要求办理转账；②银行间办理划拨；③收款人开户银行办妥进账手续后，通知收款人入账。

七、支票遗失与挂失

支票作为一种同城结算工具，其主要功能是用来代替现金流通。遗失了支票，就等于遗失了货币资金，可能给单位或集体带来经济损失。但支票毕竟不是现金，只要正确、及时采取有效措施，是可以避免经济损失的。这里所说的有效措施有两个：一是及时到开户银行挂失止付；二是请求有关单位协助防范。但不能到电视台、电台、报社等新闻单位刊登声明作废一类的广告。

（一）挂失条件

现行《银行结算办法》规定："已签发的现金支票遗失，可以向银行申请挂失，挂失前已支付，银行不予受理；已签发的转账支票遗失，银行不受理挂失，可请求收款人协助防范。"不是所有的支票遗失后都能挂失，只有现金支票遗失了，银行才受理挂失，但也只能抢在支付之前。因为支票是开户单位委托开户银行从其存款账户上支付款项的命令书，只要支票外观齐全、填写规范，银行见票即付，不得压票。又因为银行只能起结算中介作用而不负责垫付资金，所以一旦在挂失前款项已支付，银行就不承担经济和法律责任。如果印章齐全、填写规范的转账支票遗失，可迅速通知收款人协助防范，防止用遗失的转账支票冒购商品；如果冒购商品已成事实，可立即向当地公安机关报案，力争尽快追回全部或部分资金。对遗失的空白现金支票、空白转账支票，银行也不受理挂失。

（二）空白支票遗失不需要登作废声明

空白支票遗失声明不具有法律效力，具体表现如下：

（1）从民法和经济法的有关规定看，"遗失声明"是一种单方民事行为，并无法律意义。依照法律，为他人设定义务的单方法律行为，必须由原法定机关根据法律的直接规定做出。遗失支票的作废声明行为，明显缺乏成立单方法律行为的条件。因为刊登遗失声明的主要目的是通过合法形式达到转嫁可能发生的经济损失，拒绝履行票据合同义务。因此，该民事行为从一开始就缺乏法律效力。

（2）从《民事诉讼法》可知，遗失人不能对空白支票通过申请催告程序来宣布遗失支票无效。民法规定，公示催告程序的申请人仅限于因被盗、遗失，或者丧失可以背书转让的票据的持有人，即持票人，而非票据签发人。而且公示催告必须有确定的范围，即申请人应向人民法院提供票面的金额、发票人、持票人、背书人等票据主要内容，而遗失的空白支票除发票人事项外，其他票据内容一概不详。公示催告程序是为丧失票据的票据权利人能依法继续行使票据权利而设立的。法院因此作出判决不会对其他人的合法权利有所妨碍。如果对遗失的空白支票由法院通过该程序宣告无效，势必对善意取得该支票的持票人（如销货方）及其他票据关系人（如开户银行）产生不利影响，引起票据关系紊乱，这与民法中设立公示催告程序的出发点是背道而驰的。

(3)从《银行结算办法》可知，如带出盖有单位印章的空白支票遗失，纯属违章行为。

(4)从实践看，“遗失声明”不起作用，如被冒领支付，银行不负经济和法律责任，受损失的仍是空白支票遗失者。

(三)办理支票挂失

已经签发的普通支票和现金支票，如因遗失、被盗等原因而丧失的，应立即向银行申请挂失。

(1)出票人将已经签发内容齐备的、可以直接支取现金的支票遗失或被盗等，应当出具公函或有关证明，填写两联挂失申请书（可以用进账单代替），加盖预留银行的签名式样和印鉴，向开户银行申请挂失止付。银行查明该支票确未支付，经收取一定的挂失手续费后受理挂失，在挂失人账户中用红笔注明支票号码及挂失的日期。

(2)收款人将收受的可以直接支取现金的支票遗失或被盗等，也应当出具公函或有关证明，填写两联挂失止付申请书，经付款人签章证明后，到收款人开户银行申请挂失止付。其他有关手续同上。同时，依据《票据法》第十五条第三款规定：“失票人应当在通知挂失止付后三日内，也可以在票据丧失后，依法向人民法院申请公示催告，或者向人民法院提起诉讼。”即可以背书转让的票据的持票人在票据被盗、遗失或灭失时，须以书面形式向票据支付地（付款地）的基层人民法院提出公示催告申请。在失票人向人民法院提交的申请书上，应写明票据类别、票面金额、出票人、付款人、背书人等票据主要内容，并说明票据丧失的情形，同时提出有关证据，以证明自己确属丧失的票据的持票人，有权提出申请。

失票人在向付款人挂失止付之前，或失票人在申请公示催告以前，票据已经由付款人善意付款的，失票人不得再提出公示催告的申请，付款银行也不再承担付款的责任。由此给支票权利人造成的损失，应当由失票人自行负责。

按照规定，已经签发的转账支票遗失或被盗等，由于这种支票可以直接持票购买商品，银行不受理挂失，所以，失票人不能向银行申请挂失止付，但可以请求收款人及其开户银行协助防范。如果丧失的支票超过有效期或者挂失之前已经由付款银行支付票款的，由此所造成的一切损失，均应由失票人自行负责。

八、商务收账谨防“支票陷阱”

商务收账是企业经营管理中非常重要的环节。越来越多的企业把能否及时、足额地收回外账作为衡量业务人员绩效的重要指标。

支票是商务活动中使用最多的票据，业务人员在收支票时要提防“支票陷阱”，因为票据退票会带给企业难以弥补的财务损失。现就实际业务中可能存在的“支票陷阱”加以说明。

(一)签名盖章

出票人在支票上签名盖章，是负担票据债务的一种具体表示，当支票退票时，要负起出票人的责任，偿还支票上所记载的金额。签名盖章要盖在支票上出票人栏的位置，盖在其他地方就不发生签名盖章的效力，属于不合格支票。

实际操作中，收票人应注意以下几点：

(1)没有签名盖章的支票不能收。签章空白的支票是“不完全票据”，这种票据无法律效力。必须请出票人补盖印鉴方可接收。

(2)签名或盖章模糊不清的支票不能收。这种签章不清楚或不明的支票经常被银行退票。

(3)支票上签章处只有出票人的指印，没有其他签名或盖章，最好拒收。支票上的签名能以盖章的方式代替，但不能以按指印代替签名。

(4)图章颠倒的支票是有效的，可以收受。

(二)支票日期

(1)没有填写出票年月日的支票，不能接收。缺少出票年月日的支票是无效支票，出票人不必负任何的票据责任。如果出票人授权收票人代填日期，收票人在收受支票时，应要求出票人出具“授权书”作为证明，否则有可能吃伪造有价证券的官司。

(2)支票日期使用小写的，银行不予受理；大写未按规范填写的，银行可以受理，但由此造成的损失，由出票单位自行承担。

(三)支票金额

金额是支票必须记载的事项之一,也是票据债务人员担保范围的指标。支票的金额应以大写数字来书写,以示慎重,并可以防止遭人涂改。因此,金额一经填写,就不能改写,否则支票无效。对于支票金额应注意以下问题:

(1)票面大写金额栏内漏写“元”字的支票,不可收受。我国通用的币制单位有元、角、分。只有记载数字,而无“元”的记载,金额难以确定。

(2)大写金额经涂改的支票是无效支票,绝对不能接收。

(3)支票上大写金额不应当写零,而多写零的支票,尽可能不要收受。金额位数连续有几个零时,应只写一个零字,如 50 005 元,应写成“伍万零五元整”,而不能写成“伍万零零伍元整”。

(4)票面金额填写“拾元整”的支票,不可收受。银行实务对有关支票金额的写法有特别的要求,10 元应写为“壹拾元整”。

(5)支票上大写金额写“廿”绝对不能接收。20 元的正确写法是“贰拾元”,如果写成“廿”,银行会以退票方式处理。

【任务实施】

光华公司是从事商品生产的一般纳税企业,设在杭州市建国路 8 号,电话 0571－88786633;纳税人登记号:42060689483004;开户行:工商银行凤起支行;账号:18273740234872;厂长:张宇;财务科长:杨新;出纳员:林华;审核员:李力;记账员:陈萌。2022 年发生经济业务:

3 月 2 日,财务科的出纳员林华开出现金支票一张,从银行提取现金 1 500 元,以备领用。请填写现金支票,完成图 4—14。

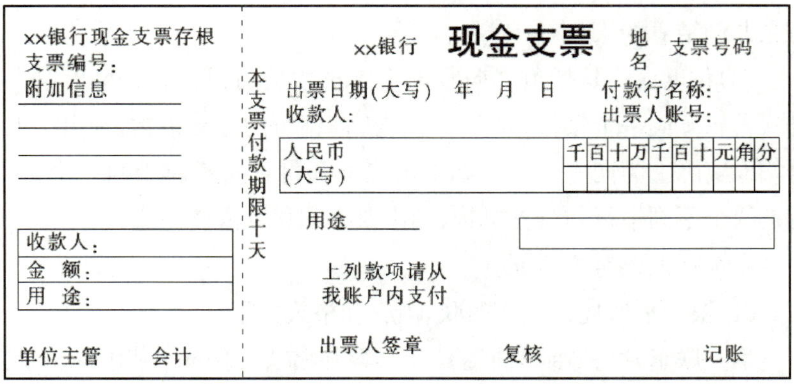

图 4—14　现金支票

任务四　银行汇票结算业务

【任务引入】

采购部张某拿着采购合同和采购发票，要求出纳员林某完成付款，林某采用银行汇票结算该付款业务，林某需要具备哪些知识？

【知识准备】

汇票是由出票人签发的、委托付款人在见票时或者在指定日期无条件支付确定的金额给收款人或者持票人的票据。按照出票人的不同，汇票分为银行汇票和商业汇票。由银行签发的汇票为银行汇票，由银行以外的企业、单位等签发的汇票为商业汇票。

一、银行汇票的含义及特点

（一）银行汇票的含义

1. 银行汇票的概念

银行汇票是银行应汇款人的请求，在汇款人按规定履行手续并交足保证金后，签发给汇款人由其交付收款人的一种汇票，它是由企业单位或个人将款项交存银行，由银行签发给其持往异地办理转账结算或支取现金的票据。

2. 银行汇票结算的当事人

（1）出票人。银行汇票结算的出票人是指签发汇票的银行。

（2）收款人。是指从银行提取汇票所汇款项的单位和个人。收款人可以是汇款人本身，也可以是与汇款人有商品交易往来或汇款人要与之办理结算的人。

（3）付款人。是指负责向收款人支付款项的银行。如果出票人和付款人属于同一个银行，如都是中国工商银行的分支机构，则出票人和付款人实际上为同一个人。如果出票人和付款人不属于同一个银行，而是两个不同银行的分支机构，则出票人和付款人为两个人。

3. 银行汇票有关凭证

（1）银行汇票凭证一式四联，内容和格式如下：

第一联卡片（白纸黑油墨），其内容和格式如图 4－15 所示。此联由出票行结清汇票时作为借方凭证。

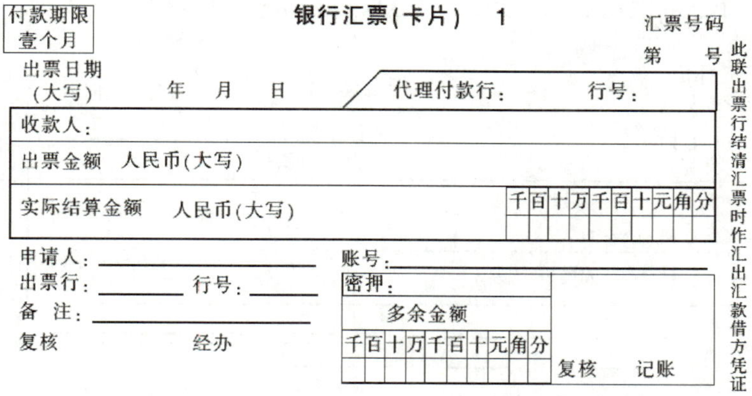
付款期限
壹个月
银行汇票(卡片)　1
汇票号码
第　　号
出票日期
(大写)　　年　月　日
代理付款行：　　行号：
收款人：
出票金额　人民币(大写)
实际结算金额　人民币(大写)
千百十万千百十元角分
申请人：
账号：
出票行：　　行号：
密押：
备　注：
多余金额
千百十万千百十元角分
复核　　经办
复核　　记账
此联出票行结清汇票时作汇出汇款借方凭证

图4—15　银行汇票第一联

第二联银行汇票，有正、背两面。正面的内容和格式如图4—16所示(专用水印纸蓝油墨，出票金额栏加红水印)；背面的内容和格式如图4—17所示。

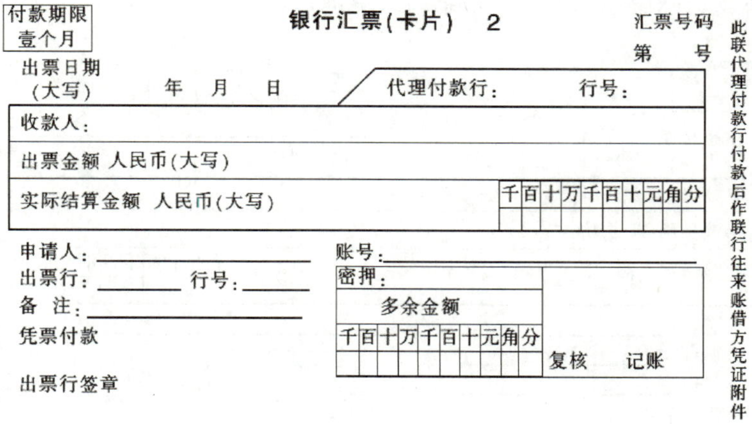
付款期限
壹个月
银行汇票(卡片)　2
汇票号码
第　　号
出票日期
(大写)　　年　月　日
代理付款行：　　行号：
收款人：
出票金额　人民币(大写)
实际结算金额　人民币(大写)
千百十万千百十元角分
申请人：
账号：
出票行：　　行号：
密押：
备　注：
多余金额
凭票付款
千百十万千百十元角分
复核　　记账
出票行签章
此联代理付款行付款后作联行往来账借方凭证附件

图4—16　银行汇票第二联(正面)

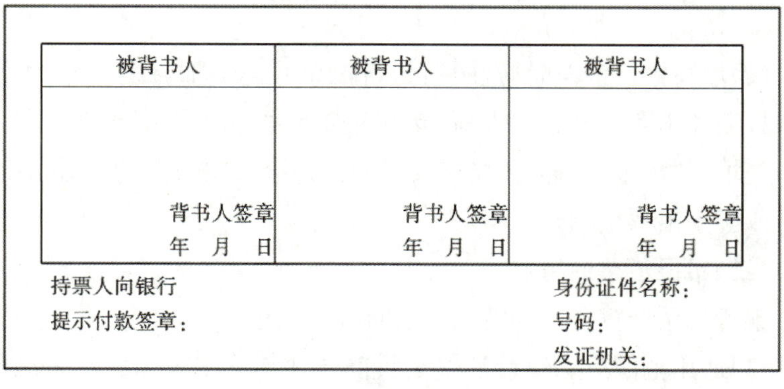
被背书人	被背书人	被背书人
背书人签章 年　月　日	背书人签章 年　月　日	背书人签章 年　月　日

持票人向银行
提示付款签章：
身份证件名称：
号码：
发证机关：

图4—17　银行汇票第二联(背面)

第三联解讫通知(白纸红油墨),其内容和格式如图 4—18 所示。

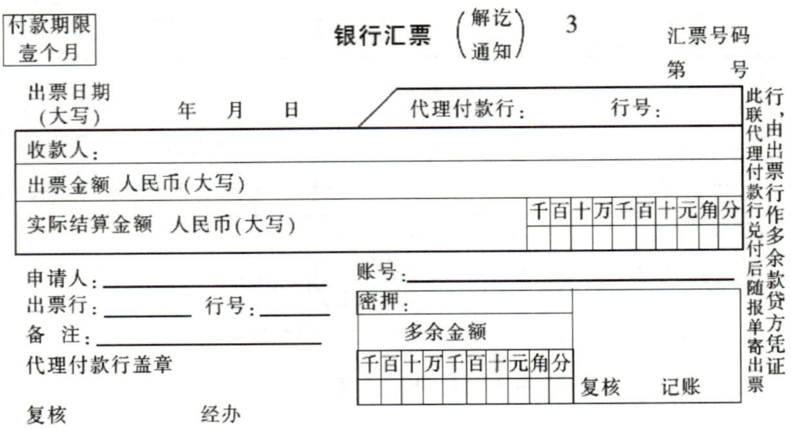
付款期限 壹个月
银行汇票 (解讫 通知) 3
汇票号码
第 号
出票日期(大写) 年 月 日
代理付款行: 行号:
收款人:
出票金额 人民币(大写)
实际结算金额 人民币(大写)
千 百 十 万 千 百 十 元 角 分
申请人:
账号:
出票行: 行号:
密押:
备 注:
多余金额
千 百 十 万 千 百 十 元 角 分
代理付款行盖章
复核 记账
复核 经办
此联代理付款行兑付后随报单寄出票行,由出票行作多余款贷方凭证

图 4—18 银行汇票第三联

第四联多余款收账通知(白纸紫油墨),其内容和格式如图 4—19 所示。此联由出票行结多余款后交申请人。

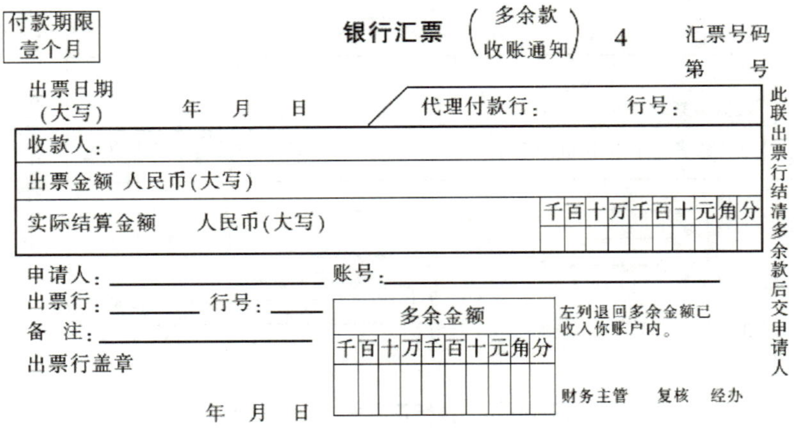
付款期限 壹个月
银行汇票 (多余款 收账通知) 4
汇票号码
第 号
出票日期(大写) 年 月 日
代理付款行: 行号:
收款人:
出票金额 人民币(大写)
实际结算金额 人民币(大写)
千 百 十 万 千 百 十 元 角 分
申请人:
账号:
出票行: 行号:
多余金额
左列退回多余金额已收入你账户内。
备 注:
千 百 十 万 千 百 十 元 角 分
出票行盖章
财务主管 复核 经办
年 月 日
此联出票行结清多余款后交申请人

图 4—19 银行汇票第四联

(2)填写银行汇票时应注意:银行汇票号码前加省别代号;汇票的出票日期和出票金额必须大写;支取现金的银行汇票,必须在出票金额栏中先填写“现金”字样,再紧接着填写汇票金额(大写);实际付款金额小于或等于出票金额。

(二)银行汇票的特点

银行汇票结算方式的特点主要有以下 5 个:

(1)适用范围广。银行汇票是目前异地结算中较为广泛采用的一种结算方式。这种结算方式不仅适用于在银行开户的单位、个体经营户和个人，而且适用于未在银行开立账户的个体经营户和个人。凡是各单位、个体经营户和个人需要在异地进行商品交易、劳务供应和其他经济活动以及债权债务的结算，都可以使用银行汇票。银行汇票既可以用于转账结算，也可以支取现金。

(2)票随人走，钱货两清。实行银行汇票结算，购货单位交款，银行开票，票随人走；购货单位购货给票，销售单位验票发货，一手交票，一手交钱；银行见票付款，这样可以减少结算环节，缩短结算资金在途时间，方便购销活动。

(3)信用度高，安全可靠。银行汇票是银行在收到汇款人款项后签发的支付凭证，因而具有较高的信誉，银行保证支付，收款人持有票据可以安全、及时地到银行支取款项。而且，银行内部有一套严密的处理程序和防范措施，只要汇款人和银行认真按照汇票结算的规定办理，汇款就能保证安全。一旦汇票丢失，如果确属现金汇票，汇款人可以向银行办理挂失，填明收款单位和个人，银行可以协助防止款项被他人冒领。

(4)使用灵活，适应性强。实行银行汇票结算，持票人可以将汇票背书转让给销货单位，也可以通过银行办理分次支取或转让，另外还可以使用信汇、电汇或重新办理汇票转汇款项，因而有利于购货单位在市场上灵活地采购物资。

(5)结算准确，余款自动退回。一般来讲，购货单位很难确定具体购货金额，因而出现汇多用少的情况是不可避免的。在有些情况下，多余款项往往长时间得不到清算从而给购货单位带来不便和损失。而使用银行汇票结算则不会出现这种情况，单位持银行汇票购货，凡在汇票的汇款金额之内的，可根据实际采购金额办理支付，多余款项将由银行自动退回。这样可以有效地防止交易尾欠的发生。

二、银行汇票结算的有关规定

银行汇票结算

结算业务

银行汇票结算的基本规定有以下几个方面：

(1)银行汇票的签发和解付。银行汇票的签发和解付，只能由中国人民银行和商业银行参加“全国联行往来”的银行机构办理。跨系统银行签发的转账银行汇票的解付，应通过同城票据交换将银行汇票和解讫通知提交同城的有关银行审核支付后抵用。省、自治区、直辖市内和跨省、市的经济区域内，按照有关规定办理。在不能签发银行汇票的银行开户的汇款人需要使用银行汇票时，应将款项转交附近能签发银行汇票的银行办理。

(2)银行汇票一律记名。记名是指在汇票中指定某一特定人为收款人,其他任何人都无权领款;但如果指定收款人以背书方式将领款权转让给其指定的收款人,其指定的收款人有领款权。

(3)银行汇票的汇票金额起点为500元。500元以下款项,银行不予办理银行汇票结算。

(4)银行汇票的付款期为1个月。

这里所说的付款期,是指从签发之日起到办理兑付之日止的时期。这里所说的1个月,是指从签发日开始,不论月大月小,统一到下月对应日期止的1个月,如签发日为3月5日,则付款期到4月5日止。如果到期日遇节假日,可以顺延。逾期的汇票,兑付银行将不予办理。

三、银行汇票结算的基本程序

(一)银行汇票的申请

单位内部供应部门或其他业务部门因业务需要使用银行汇票时,应填写银行汇票请领单,具体说明领用银行汇票的部门、经办人、汇款用途、收款单位名称、开户银行、账号等,由请领人签章,并经单位领导审批同意后,由财务部门具体办理银行汇票手续。银行汇票请领单的基本格式如图4—20所示。

银行汇票请领单

请领日期　　年　月　日		
收款人	开户银行	账号
汇款用途		
汇款金额：人民币(大写)		¥
部门负责人意见	单位领导审批意见	请领人签章

图4—20　银行汇票请领单

凡是要求使用银行汇票办理结算业务的单位,财务部门均应按规定向签发银行提交"银行汇票申请书",在"银行汇票申请书"上逐项写明汇款人名称和账号、收款人名称和账号、兑付地点、汇款金额、汇款用途(军工产品可免填)等内容,并在"银行汇票申请书"上加盖汇款人预留银行的印鉴,由银行审查后签发银行汇票,如汇款人未在银行开立存款账户,则可以交存现金办理汇票。

汇款人办理银行汇票,能确定收款人的,须详细填明单位、个体经营户名称或个人姓名;确定不了的,应填写汇款人指定人员的姓名。

交存现金办理的汇票,需要在汇入银行支取现金的,应在汇票申请书上的"汇款金额"大写栏先填写"现金"字样,后填写汇款金额。这样,银行可签发现金汇票，以便汇款人在兑付银行支取现金。企事业单位办理的汇票，如果需要在兑付银行支取现金的，由兑付银行按照现金管理有关规定审查支付现金。

“银行汇票申请书”一式三联，其中：第一联是存根，由汇款人留存作为记账传票；第二联是支款凭证，是签发行办理汇票的传出传票；第三联是收入凭证，由签发行作为汇出汇款收入传票。如果申请人用现金办理银行汇票，可以注销第二联。

（二）银行汇票的签发

签发银行汇票必须记载的事项：

（1）表明“银行汇票”的字样；

（2）无条件支付的承诺；

（3）确定的金额；

（4）付款人名称；

（5）收款人名称；

（6）出票日期；

（7）出票人签章。

欠缺记载上列事项之一的，银行汇票无效。

签发银行受理“银行汇票申请书”，经过验对“银行汇票申请书”内容和印鉴，并在办妥转账或收妥现金之后，即可向汇款人签发转账或支取现金的银行汇票。对个体经营户和个人需要支取现金的，在汇票“汇款金额”栏先填写“现金”字样，后填写汇款金额，再加盖印章并用压数机压印汇款金额，将汇票和解讫通知交汇款人。

出纳员在收到银行签发的银行汇票后将其交给请领人，应按规定登记“银行汇票登记簿”，将银行汇票的有关内容，如签发日期，收款单位名称、开户银行、账号，持票人部门、姓名，以及汇款用途等一一进行登记，以备日后查对。

（三）银行汇票的使用

汇款单位取得银行汇票后，即可由请领人带往兑付地点，与收款人办理结算业务或支取现金。但是，由于经济业务的具体情况各异以及银行汇票的收据人填写不同，使用银行汇票办理结算业务的具体方法也有所差异。

汇款单位持票人到汇入地点办理采购业务，并且在银行汇票的第二联、第三联上已明确填好了收款单位或个人的名称及账号情况，持票人可将这两联一并交给收款单位的财务部门，由收款单位直接到其开户银行办理进账。

汇款单位持票人到汇入地点办理采购业务，银行汇票上“收款人”栏内填写的是汇款单位持票人姓名，在该种情况下，持票人可以持票到汇入银行直接办理转账结算，也可以背书转让给收款单位，由其直接到银行办理进账。

汇款单位持票人到汇入地点办理采购业务，银行汇票上“收款人”栏内填写的是汇款单位持票人的姓名，在该种情况下，如果需要分次付款的，持票人可持“银行汇票联”和“解讫通知联”连同本人身份证，到兑付银行申请开立一个“临时存款账户”，与收款单位办理结算业务。这种临时存款账户，只取不存，不计算存款利息。

汇款单位持票人到汇入地点办理采购业务，如果在汇入地采购不到所需货物而准备到其他地方继续采购时，持票人可持“银行汇票联”和“解讫通知联”连同本人身份证，到兑付银行请求转汇，并说明转汇指定地点，除注明不得转汇的银行汇票以外。转汇的方式可以由持票人根据需要选择，如继续采用银行汇票方式的，就需再次填写“银行汇票申请书”，交银行签发新的银行汇票。申请书上“收款人”和“汇款用途”应与原来内容相同。如果转汇采取汇兑方式，则持票人可按规定填制信（电）汇凭证，办理汇兑手续。如果原银行汇票已注明“现金”字样，在转汇时可照填“现金”字样。在办理转汇时，转汇金额可与原汇票金额一致，也可以小于原金额。其小于原金额的余额，由兑付银行直接退回汇款单位账户内。汇款单位使用银行汇票购货或付款后，等到签发银行转来银行汇票第四联，即可以根据该联中“实际结算金额”栏的实际结算金额及供应部门转来的发票等原始凭证，编制会计分录。

对于收款单位（包括被背书人），受理银行汇票时，应对银行汇票进行认真的审查，以避免上当受骗或发生经济纠纷。应审查的内容主要有以下几个方面：

（1）收款人和被背书人是否确为本收款人；

（2）汇票是否逾期，日期、金额等填写是否正确无误；

（3）银行汇票和解讫通知是否齐全、相符；

（4）印章是否清晰，压数机压印的金额是否清晰；

（5）汇款人或背书人的证明或证件是否无误，背书人证件上的姓名与其背书是否相符。

收款人或被背书人审查无误后，在汇款金额以内，根据实际需要办理结算，将实际结算金额和多余金额准确、清晰地填入银行汇票和解讫通知有关栏内。如果填错，应用红色全部划去，在其上方重填正确的数字并加盖本单位的印章。但如此更改，只限一次。全额解付的银行汇票，在“多余金额”栏写上“－0－”符号。填写完结算金额和多余金额后，收款人或被背书人将银行汇票和解讫通知一并提交兑付银行，缺少任何一联均无效。收款人在银行开有账户的，可在银行汇票背面加盖预留银行印章，再连同解讫通知、进账单送交开户银行转账；未在银行开立账户的，在验交本人身份证件或兑付地有关单位足以证实收款人身份的证明后，在银行汇票背面盖章或签字，注明证件名称、号码及发证机关，才能办理支取手续。

进账单一式三联：第一联为回单，是收款单位开户银行盖章后退回持票人的回单；第二联为贷方凭证，由收款单位开户银行作贷方凭证；第三联为收账通知，是收款人开户银行交给收款人的收账通知。

持票人开户银行为该汇票的代理付款行时，开户银行按要求审核无误后，第二联进账单作贷方凭证为收款人办理转账，同时在第一联进账单上加盖业务公单，在第三联进账单上加盖转讫章后，一并交给持票人。

持票人开户银行不是该汇票的代理付款行时，必须将汇票提交跨行系统银行审核，开户银行按要求审核无误后，在进账单第一联上加盖业务公章作受理回单退持票人，将汇票、解讫通知按同城票据交换的有关规定及时提出交换，待退票时间过后，第二联进账单作贷方凭证为持票人办理收妥入账，第三联进账单上加盖转讫章作收账通知退持票人。

（四）银行汇票的结算程序

根据上述内容，可以总结出银行汇票结算方式下银行存款业务的办理程序，具体如下：

（1）汇票人申请办理银行汇票。开户银行受理“银行汇票申请书”，收妥款项后，签发银行汇票。

（2）汇款人持“银行汇票联”和“解讫通知联”即可办理转账结算或支取现金。

（3）收款人收到银行汇票后，首先应审核银行汇票。在对银行汇票审核无误后，在实际结算金额栏内填写实际结算金额，在银行汇票背面盖章后，连同解讫通知、进账单一起送交银行。如果实际结算金额小于汇款金额，多余款项由签发银行退还汇款人。

四、银行汇票的背书

背书是指汇票持有人将票据权利转让他人的一种票据行为。其中，所谓票据权利，是指票据持有人向票据债务人（主要是指票据的承兑人，有时也指票据的发票人、保证人和背书人）直接请求支付票据中所规定的金额的权利。通过背书转让其权利的人称为背书人，接收经过背书汇票的人称为被背书人。由于这种票据权利的转让一般都是在票据的背面（如果记在正面就容易与承兑、保证等其他票据行为混淆）进行的，所以叫做背书。

按照现行规定，汇票必须转让给在银行开户的单位和个人，不能转让给没有在银行开户的单位和个人。在背书时，背书人必须在银行汇票第二联背面背书栏填明其个人身份证件及号码，并签章，同时填明被背书人名称，并填明背书日期；被背书人按规定在汇票有效期内，在被背书人一栏签章，并填制一式两联进账单后到开户银行办理结算，其会计核算办法与一般银行汇票收款人相同。

注意事项：

（1）银行汇票和汇款解讫通知必须同时提交兑付银行，两者缺一无效。

（2）收款人直接进账的，应在收款人盖章处加盖预留银行印章；收款人为个人的，应交验身份证件。

（3）收款人如果是个人，可以经背书转让给在银行开户的单位和个人；在背书人栏签章并填明被背书人名称，被背书人签章后到开户银行办理结算。

五、银行汇票的退款

汇款单位因汇票超过了付款期限或其他原因没有使用汇票款项时，可以分情况向签发银行申请退款。

（1）在银行开立账户的汇款单位要求签发银行退款时，应当向签发银行说明原因，并将未用的“银行汇票联”和“解讫通知联”交回汇票签发银行办理退款。银行将“银行汇票联”“解讫通知联”与银行留存的银行汇票“卡片联”核对无误后办理退款手续，将汇款金额划入汇款单位账户。

（2）未在银行开立账户的汇款单位要求签发银行退款时，应将未用的“银行汇票联”和“解讫通知联”交回汇票签发银行，同时向银行交验申请退款单位的有关证件，经银行审核后办理退款。

（3）汇款单位因“银行汇票联”和“解讫通知联”缺少其中一联而不能在兑付银行办理兑付，向签发银行申请退款时，应将剩余的一联退给汇票签发银行，并备函说明短缺其中一联的原因，经签发银行审查同意后办理退款手续。

六、银行汇票的遗失

持票人不慎遗失了银行汇票，可以根据不同情况，采取相应补救措施。

（1）如果遗失了注明“现金”字样的银行汇票，失票人应当立即向签发银行或兑付银行请求挂失止付。申请挂失止付时，应提交汇票挂失申请书（可以用汇票委托书代替），并在凭证备注栏内写明“汇票挂失”字样。如果在银行受理挂失以前，包括对方银行收到挂失通知以前，汇票金额已被人冒领的，银行不再承担付款责任。持票人一旦发现汇票遗失，应尽快申请挂失，同时依据《票据法》第十五条第三款规定，“失票人应当在通知挂失止付后三日内，也可以在票据丧失后，依法向人民法院申请公示催告，或者向人民法院提起诉讼”，以免遭到不必要的利益损失。

（2）如果遗失了注明收款单位、个体经营户名称的汇票，失票人应当立即通知收款单位、个体经营户、收款人、兑付银行、签发银行，请求这些单位或个人协助防范。因为这类汇票遗失后，银行不办理挂失止付。

（3）如果遗失了填明汇款人指定收款人员姓名的汇票，不能到银行申请挂失止付。因为这种汇票可以背书转让，无法确定被背书人，银行无法挂失，兑付行和签发行都不予协助防范。因此，这种银行汇票的持票人一定要认真保管好汇票，切勿遗失。银行汇票遗失后，在付款期满后一个月确实没有发生什么问题的，可以由汇款人写出书面证明，说明情况，到签发银行办理退款。

七、银行拒付

银行在收到收款人提交的银行汇票时，经过审查发现有下列情况的，将予以拒付：

（1）伪造、变造（凭证、印章、压数机）的银行汇票。

（2）非总行统一印制的全国通用的银行汇票。

（3）超过付款期的银行汇票。

（4）缺汇票联或解讫通知联的银行汇票。

（5）汇票背书不完整、不连续的。

（6）涂改、更改汇票签发日期、收款人、汇款大写金额的。

（7）已经银行挂失止付的现金银行汇票。

（8）汇票残损、污染严重无法辨认的。

对拒付的汇票，银行将退还给持票人。对伪造、变造及涂改的汇票，银行除了拒付以外，还将报告有关部门进行查处。

【任务实施】

光华公司是从事商品生产的一般纳税企业，设在杭州市建国路8号，电话0571－88786633；纳税人登记号：42060689483004；开户行：工商银行风起支行；账号：18273740234872；厂长：张宇；财务科长：杨新；出纳员：林华；审核员：李力；记账员：陈萌。2022年发生经济业务：

4月12日，采购部要到上海采购材料，需向银行申请开具20万元的银行汇票。请填写银行汇票，完成图4—21。

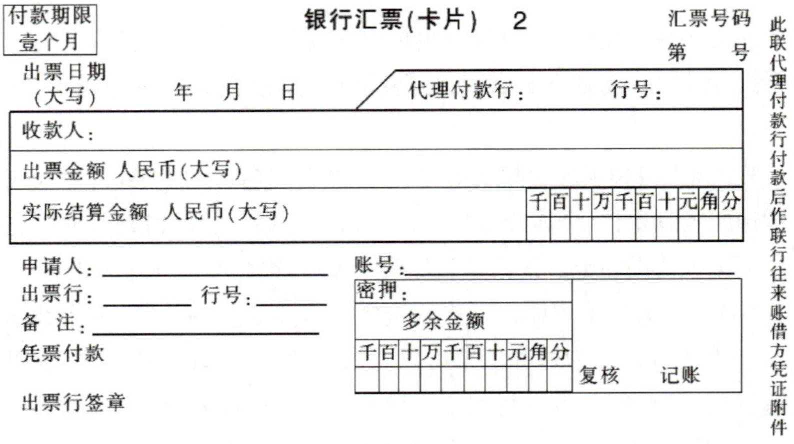

付款期限 壹个月

银行汇票(卡片)　2

汇票号码

第　　号

出票日期（大写）　年　月　日

代理付款行：　行号：

收款人：

出票金额　人民币(大写)

实际结算金额　人民币(大写)

千百十万千百十元角分

申请人：

账号：

出票行：　行号：

密押：

备　注：

多余金额

千百十万千百十元角分

凭票付款

复核　记账

出票行签章

此联代理付款行付款后作联行往来账借方凭证附件

图4—21　银行汇票

任务五　银行本票结算业务

【任务引入】

出纳员林某所在企业向光华公司购买了一批货物，林某需要向开户银行申请银行本票75 000元用于支付货款，林某应该怎么做？他应该了解哪些出纳知识？

【知识准备】

一、银行本票的含义及特点

（一）银行本票的含义

银行本票是申请人将款项交存银行，由银行签发的承诺自己在见票时无条件支付确定的金额给收款人或者持票人的票据。银行本票的基本当事人为出票人、收款人和持票人。

本票结算是指利用本票来办理款项往来结算和支取现金的一种结算方式。

单位和个人在同一票据交换区域需要支付各种款项，均可以使用银行本票。银行本票可以用于转账，注明“现金”字样的银行本票可以用于支取现金。

银行本票可分为定额银行本票和不定额银行本票。定额银行本票是指凭证上预先印有固定面额的银行本票。不定额银行本票是指凭证上金额栏是空白的，签发时根据实际需要填写金额，并用压数机压印金额的银行本票。

定额银行本票一式一联，由中国人民银行总行统一规定票面规格、颜色和格式并统一印制。签发银行在签发定额银行本票时，应按照申请书的内容填写收款人名称，并用大写填写签发日期。用于转账的本票须在本票上划去“现金”字样，用于支取现金的本票须在本票上划去“转账”字样，在银行本票上加盖本票专用章。未划去“转账”或“现金”字样的，兑付银行将按照转账办理。

不定额银行本票一式两联，一联是签发银行结清本票时作为付出传票，另一联由签发银行留存作为结清本票时的传票附件。其具体规格、颜色和格式由中国人民银行各分行在其所辖范围内作统一规定，并由各银行印制。第二联本票分为正、背两面，正面如图 4－22 所示，背面如图 4－23 所示。

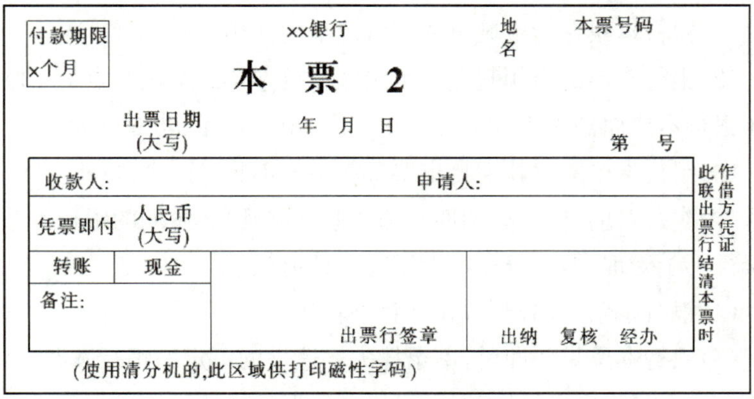
付款期限
×个月
××银行
本　票　2
地名
本票号码
出票日期（大写）　年　月　日
第　号
收款人：
申请人：
凭票即付　人民币（大写）
转账　现金
备注：
出票行签章
出纳　复核　经办
此联出票行结清本票时作借方凭证
（使用清分机的，此区域供打印磁性字码）

图 4－22　银行本票正面

被背书人	被背书人	被背书人
背书人签章 年 月 日	背书人签章 年 月 日	背书人签章 年 月 日

持票人向银行 提示付款签章：	身份证件名称： 号码： 发证机关：

图 4—23　银行本票背面

(二)银行本票的特点

(1)使用方便。我国现行的银行本票使用方便灵活。单位、个体经营户和个人不管其是否在银行开户,他们之间在同城范围内的所有商品交易、劳务供应以及其他款项的结算都可以使用银行本票。收款单位和个人持银行本票可以办理转账结算,也可以支取现金,同样也可以背书转让。银行本票见票即付,结算迅速。

(2)信誉度高,支付能力强。银行本票是由银行签发,并于指定到期日由签发银行无条件支付,因而信誉度很高,一般不存在得不到正常支付的问题。

二、银行本票结算的有关规定

银行本票结算业务

(1)银行本票在指定城市的同城范围内使用。

(2)银行本票的金额起点。不定额银行本票的金额起点为 100 元,定额银行本票面额为 1 000 元、5 000 元、10 000 元、50 000 元。

(3)银行本票的付款期自出票日起最长不超过两个月(不分大月小月,统按次月对应日计算,到期日遇节假日顺延)。逾期的银行本票,兑付银行不予受理,但可以在签发银行办理退款。

(4)银行本票一律记名,允许背书转让。

(5)银行本票见票即付,不予挂失。遗失的不定额银行本票在付款期满后一个月确实未被冒领的,可以办理退款手续。

(6)不允许签发远期银行本票。

三、银行本票结算的基本程序

(一)本票的签发

银行本票的出票人，为经过中国人民银行当地分支行批准办理银行本票业务的银行机构。签发银行本票必须记载下列事项：(1)表明“银行本票”字样；(2)无条件支付的承诺；(3)确定的金额；(4)收款人的名称；(5)出票日期；(6)出票人签章。

欠缺上列事项之一的，银行本票无效。

1. 申请本票

付款单位需要使用银行本票办理结算，应向银行填写一式三联“银行本票申请书”，详细写明收款单位名称等各项内容。如果申请人在签发银行开立账户的，应在“银行本票申请书”第二联上加盖预留银行印鉴。个体经营户和个人需要支取现金的，应在申请书上注明“现金”字样。“银行本票申请书”的格式由中国人民银行各分行确定和印制，如图 4—24 所示。

银行本票申请书

鲁：

币别：　　　　年　月　日　　　　流水号：

业务类型	□银行汇票　□银行本票	付款方式	□转账　□现金
申请人		收款人	
账号		账号	
用途		代理付款行	
金额	（大写）	亿 千 百 十 万 千 百 十 元 角 分	
客户签章			

第一联银行记账凭证

会计主管授权复核录入

图 4—24　银行本票申请书

2. 签发本票

签发银行受理“银行本票申请书”后，应认真审查申请书填写的内容是否正确。审查无误后，办理收款手续。付款单位在银行开立账户的，签发银行直接从其账户划拨款项；付款人用现金办理本票的，签发银行直接收取现金。银行按照规定收取办理银行本票的手续费，其收取的办法与票款相同。银行办妥票款和手续费收取手续后，即签发银行本票。

签发银行在签发不定额银行本票时，同样应按照申请书的内容填写收款人名称，并用大写填写签发日期，用于转账的本票须在本票上划去“现金”字样，用于支取现金的本票须在本票上划去“转账”字样，然后在本票第一联上加盖本票专用章和经办、复核人员名章，用总行统一定制的压数机在“人民币大写”栏大写金额后端压印本票金额后，将本票第一联连同“银行本票申请书”存根联一并交给申请人。

（二）本票的使用和兑付

1. 本票的使用

付款单位收到银行签发的本票后，即可以使用它向其他单位购买货物，办理款项结算。

2. 本票的兑付

收款单位收到付款单位交来的本票后，在向银行兑付前，应对本票进行认真的审查。审查的内容主要包括以下几个方面：

（1）本票的收款人或被背书人是否确为本收款人或被背书人。

（2）本票是否在付款期内。

（3）本票上签发的内容是否符合规定。

（4）本票上的印章是否清晰，不定额本票上是否有压数机压印的金额。

（5）背书是否连续。

上述内容经审查无误后，持票人可在本票背面加盖预留银行的印鉴，连同一式三联的进账单一起送交银行办理票款入账业务。

持票人向代理付款行提示付款时，应填制三联进账单，开户银行按要求审核无误后，第二联进账单作贷方凭证为收款人办理转账，同时在第一联进账单上加盖业务公章，在第三联进账单上加盖转讫章后，一并交给持票人。

持票人向出票行直接提示付款时，对持票人在本行开户的，开户银行按要求审核无误后，第二联进账单作贷方凭证为收款人办理转账，同时在第一联进账单上加盖业务公章，在第三联进账单上加盖转讫章后，一并交给持票人。对持票人未在本行开户的，在进账单第一联上加盖业务公章作受理回单退给持票人，第二联、第三联通过票据交换提交持票人开户行后，第二联进账单作贷方凭证为持票人办理收妥入账，第三联进账单上加盖转讫章作收账通知交给持票人。

（三）银行本票的结算程序

（1）付款单位将款项交存银行，向其银行申请办理本票。

（2）银行接受付款单位的申请，在收妥账款后，向付款单位签发本票。

(3)付款单位取得本票后，持票购货并办理结算，把本票交给收款单位。

(4)收款单位把本票送交其开户银行请求兑付。

(5)收款单位开户行经审查同意后，兑付本票，把款项直接拨入收款单位账户上。

(6)收款单位的开户行通过联行往来，向付款单位开户行结清票款。

四、银行本票的背书转让

按照规定，银行本票一律记名，允许背书转让。银行本票的持有人转让本票，应在本票背面背书栏内背书，加盖本单位预留银行印鉴，注明背书日期，在“被背书人”栏内填写受票单位名称，之后将银行本票直接交给被背书单位，同时向被背书单位交验有关证件，以便被背书单位查验。被背书单位对收受的银行本票应认真进行审查，其审查内容与收款单位审查内容相同。按照规定，银行本票的背书必须连续，也就是说，银行本票上任意一个被背书人就是紧随其后的背书人，并连续不断。如果本票的签发人在本票的正面注有“不准转让”字样，则该本票不得背书转让；背书人也可以在背书时注明“不准转让”，以禁止本票背书转让后再转让。

五、本票的保管和退款

本票见票即付，不予挂失。一旦被遗失，将给持票人造成极大的经济损失，所以，持票人必须对本票认真、妥善地进行保管，防止遗失被窃等事故的发生。

按照现行规定，只有不定额的本票如果同时具备下列两个条件的，可以办理退款：

(1)该本票由签发行签发后未曾背书转让。

(2)持票人为本票的收款单位。

对于遗失的不定额本票，在付款期满1个月后确实未被冒领的，也可以到签发银行办理退款手续。在办理退款手续时，原本票申请人应首先向签发银行说明情况，出具盖有单位公章的遗失本票退款申请书，连同填制好的一式两联进账单一并交给签发银行办理退款。

【任务实施】

光华公司是从事商品生产的一般纳税企业，设在杭州市建国路8

号，电话 0571－88786633；纳税人登记号：42060689483004；开户行：工商银行凤起支行；账号：18273740234872；厂长：张宇；财务科长：杨新；出纳员：林华；审核员：李力；记账员：陈萌。2022 年发生经济业务：

5 月 9 日，向开户银行申请开具银行本票 50 000 元。要求填写银行本票，完成图 4—25。

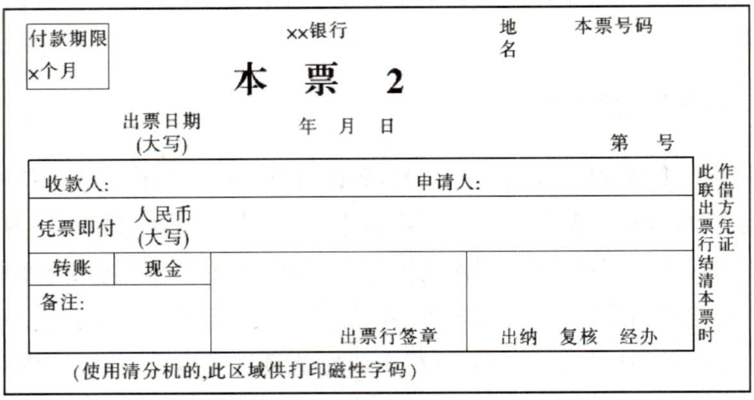
付款期限
×个月
××银行
本 票 2
地名
本票号码
出票日期（大写） 年 月 日
第 号
收款人：
申请人：
凭票即付 人民币（大写）
转账 现金
备注：
出票行签章
出纳 复核 经办
此联出票行结清本票时作借方凭证
（使用清分机的，此区域供打印磁性字码）

图 4—25 银行本票

任务六 商业汇票结算业务

【任务引入】

出纳员林某所在企业对外购入一批货物，双方约定采用商业承兑汇票结算，出纳员林某需要完成哪些工作？他需要具备哪些出纳知识？

【知识准备】

一、商业汇票的含义及特点

（一）商业汇票的含义

1. 商业汇票的概念

商业汇票是指由付款人或存款人（或承兑申请人）签发，由承兑人承兑，并于到期日向收款人或被背书人支付款项的一种票据。所谓承兑，是指汇票的付款人愿意负担起票面金额的支付义务的行为，通俗地讲，就是它承认到期将无条件地支付汇票金额的行为。商业汇票按其承兑人的不同，可以分为银行承兑汇票和商业承兑汇票两种。银行承兑汇票是由在承兑银行开立存款账户的存款人出票，向开户银行申请并经银行审查同意承兑的，保证在指定日期无条件支付确定的金额给收款人或持票人的票据。商业承兑汇票是由银行以外的付款人承兑的票据。商业承兑汇票可以由付款人签发并承兑，也可以由收款人签发交由付款人承兑。商业承兑汇票的出票人，为在银行开立存款账户的法人以及其他组织，与付款人具有真实的委托付款关系，具有支付汇票金额的可靠资金来源。

2.商业汇票的当事人

在商业汇票的结算关系中，其当事人主要有出票人、承兑人、付款人和收款人 4 种。

(1)银行承兑汇票

①出票人。是指承兑申请人，即付款人。

②承兑人和付款人。是指付款人的开户银行，即承兑行。

③收款人。是指与出票人签订购销合同的收款人，即卖方。

(2)商业承兑汇票

①出票人。是指签发商业承兑汇票的人。它可以是交易中的收款人，即卖方；也可以是交易中的付款人，即买方。

②承兑人。是指承认到期将无条件支付汇票金额的人。如果出票人是卖方，则承兑人是买方；如果出票人是买方，则其本人即为承兑人。

③付款人。是指买方的开户银行。

④收款人。是指交易中的收款方，即卖方。

3.商业汇票的有关凭证

(1)银行承兑汇票

银行承兑汇票为一式三联：第一联卡片（白纸黑油墨），由承兑银行留存备查。第二联汇票，有正、背两面。正面的内容和格式如图 4—26 所示（专用水印纸蓝油墨，出票金额栏加红水纹）；背面的内容和格式如图 4—27 所示。此联是银行之间的传递凭证。第三联存根（白纸黑油墨），由出票人存查。

(2)商业承兑汇票

商业承兑汇票为一式三联：第一联卡片（白纸黑油墨），出票人签章后由承兑人留存。第二联汇票，有正、背两面，承兑后交收款人作为到期收款的凭据。正面的内容和格式如图 4—28 所示（专用水印纸蓝油墨，出票金额栏加红水纹）；背面的内容和格式与银行承兑汇票第二联背面相同，如图 4—27 所示。第三联存根（白纸黑油墨），由出票人存查。

银行承兑汇票　2

汇票号码

出票日期（大写）　年　月　日

<table>
<tr><td>出票人全称</td><td colspan="2"></td><td rowspan="3">收款人</td><td>全称</td><td colspan="2"></td></tr>
<tr><td>出票人账号</td><td colspan="2"></td><td>账号</td><td colspan="2"></td></tr>
<tr><td>付款行全称</td><td></td><td>行号</td><td>开户银行</td><td></td><td>行号</td></tr>
<tr><td>出票金额</td><td colspan="4">人民币
（大写）</td><td colspan="2">千 百 十 万 千 百 十 元 角 分</td></tr>
<tr><td>汇票到期日
（大写）</td><td colspan="2"></td><td rowspan="2">付款行</td><td>行号</td><td colspan="2"></td></tr>
<tr><td>承兑协议编号</td><td colspan="2"></td><td>地址</td><td colspan="2"></td></tr>
<tr><td colspan="2" rowspan="2">此汇票请你行承兑，此项汇票款我单位按承兑协议于到期日前足额交存银行，到期请予以支持
出票人签章</td><td colspan="3">本汇票已经承兑，到期日由本行付款
承兑行签章
承兑日期　年　月　日</td><td colspan="2" rowspan="2">
复核　　记账</td></tr>
<tr><td colspan="3">备注</td></tr>
</table>

此联收款人开户行随委托收款凭证寄付款行作借方凭证附件

图 4—26　银行承兑汇票第二联正面

被背书人	被背书人	被背书人
背书人签章 年　月　日	背书人签章 年　月　日	背书人签章 年　月　日

图 4—27　银行/商业承兑汇票第二联背面

商业承兑汇票　2

汇票号码

出票日期（大写）　年　月　日　　　第　　号

<table>
<tr><td rowspan="3">付款人</td><td>全称</td><td colspan="2"></td><td rowspan="3">收款人</td><td>全称</td><td colspan="2"></td></tr>
<tr><td>账号</td><td colspan="2"></td><td>账号</td><td colspan="2"></td></tr>
<tr><td>开户银行</td><td></td><td>行号</td><td>开户银行</td><td></td><td>行号</td></tr>
<tr><td colspan="2">出票金额</td><td colspan="4">人民币
（大写）</td><td colspan="2">千 百 十 万 千 百 十 元 角 分</td></tr>
<tr><td colspan="2">汇票到期日</td><td colspan="2"></td><td colspan="2">交易合同号码</td><td colspan="2"></td></tr>
<tr><td colspan="4">本汇票已经承兑，到期无条件支付票款
承兑人签章
承兑日期　年　月　日</td><td colspan="4">本汇票请予以承兑，于到期日付款
出票人签章</td></tr>
</table>

此联持票人开户行随委托收款凭证寄付款人开户行作借方凭证附件

图 4—28　商业承兑汇票第二联正面

（二）商业汇票的特点

商业汇票结算是指利用商业汇票来办理款项结算的一种银行结算方式。与其他银行结算方式相比，商业汇票结算具有以下特点：

（1）与银行汇票等结算方式相比，商业汇票的适用范围相对较窄，各企业、事业单位之间只有根据购销合同进行合法的商品交易，才能签发商业汇票。除商品交易以外，其他方面的结算，如劳务报酬、债务清偿、资金借贷等不可采用商业汇票结算方式。

（2）与银行汇票等结算方式相比，商业汇票的使用对象也相对较少。商业汇票的使用对象是在银行开立账户的法人。使用商业汇票的收款人、付款人及背书人、被背书人等必须同时具备两个条件：一是在银行开立账户；二是具有法人资格。个体工商户、农村承包户、个人、法人的附属单位等不具有法人资格的单位或个人，以及虽具有法人资格但没有在银行开立账户的单位都不能使用商业汇票。

（3）商业汇票可以由付款人签发，也可以由收款人签发，但都必须经过承兑。只有经过承兑的商业汇票才具有法律效力，承兑人负有到期无条件付款的责任。商业汇票到期，因承兑人无款支付或其他合法原因，债权人不能获得付款时，可以按照汇票背书转让的顺序，向前手行使追索权，依法追索票面金额；该汇票上的所有关系人都应负连带责任。商业汇票的承兑期限由交易双方商定，一般为 3 个月至 6 个月，最长不得超过 6 个月，属于分期付款的，应一次签发若干张不同期限的商业汇票。

（4）未到期的商业汇票可以到银行办理贴现，从而使结算与银行资金融通相结合，有利于企业及时补充流动资金，维持生产经营的正常进行。

（5）商业汇票在同城、异地都可以使用，而且没有结算起点的限制。

（6）商业汇票一律记名并允许背书转让。商业汇票到期后，一律通过银行办理转账结算，银行不支付现金。商业汇票的提示付款期限自汇票到期日起 10 日内。

二、商业汇票的有关规定

商业汇票结算业务

商业汇票由于其规范性、灵活性，在经济交往中、商品流通中占有重要的地位，前景广阔。因此，为更好地使用商业汇票这种结算方式，应注意以下问题：

（1）在银行开立存款账户的法人及其他组织之间，必须具有真实的交易关系或债权债务关系，才能使用商业汇票。

(2)商业承兑汇票的出票人,为在银行开立账户的法人及其他组织,与付款人具有真实的委托付款关系,具有支付汇票金额的可靠资金来源。

(3)银行承兑汇票的出票人,必须具备下列条件:①是在承兑银行开立存款账户的法人及其他组织;②与承兑银行具有真实的委托付款关系;③资信状况良好,具有支付汇票金额的可靠资金来源。

(4)出票人不得签发无对价的商业汇票用以骗取资金。

(5)商业汇票一律记名,并可以背书转让。

(6)商业汇票的付款期限最长不得超过6个月。如果属于分期付款的,应一次签发若干张不同期限的商业汇票。

(7)商业汇票到期后,一律由银行办理转账结算,银行不支付现金。

(8)商业承兑汇票可以由付款人签发并承兑,也可以由收款人签发交由付款人承兑。银行承兑汇票,应由在承兑银行开立存款账户的付款人签发。

三、银行承兑汇票的结算

(一)银行承兑汇票的申请

办理银行承兑汇票必须以商品交易为基础,禁止办理无真实商品交易的银行承兑汇票。办理的银行承兑汇票最长期限不得超过6个月。

1.申请办理银行承兑汇票的条件

企业申请办理银行承兑汇票的客户应当是依法成立的企业法人和其他经济组织,并符合以下条件:

(1)是在承兑银行开立存款账户并依法从事经营活动的法人或其他组织;

(2)具有支付汇票金额的可靠资金来源;

(3)近两年在开户银行无不良贷款、欠息及其他不良信用记录。

2.承兑申请人应向开户行提交的资料

(1)银行承兑汇票承兑申请书,主要包括汇票金额、期限、用途以及承兑申请人承诺汇票到期无条件兑付票款等内容。

(2)营业执照或法人执照复印件、法人代表人身份证明。

(3)上年度和当期的资产负债表、利润表和现金流量表。

(4)商品交易合同或增值税发票原件及复印件。

(5)按规定需要提供担保的,提交保证人有关资料(包括营业执照或法人执照复印件,当期资产负债表、利润表和现金流量表)或抵(质)

押物的有关资料(包括权属证明、评估报告等)。

(6)银行要求提供的其他资料。

3. 收取保证金

企业在办理银行承兑汇票业务时,经办银行按照客户信用等级收取保证金。一般规定如下:

(1)AA级(含)以上客户可免收保证金;

(2)AA－级客户收取10%(含)以上的保证金;

(3)A+、A级客户收取30%(含)以上的保证金;

(4)A－级客户收取50%(含)以上的保证金;

(5)BBB级(含)以下客户收取100%的保证金。

(二)银行承兑汇票的承兑

承兑是指汇票付款人承诺在到期日支付汇票金额的一种票据行为。承兑是持票人行使票据权利的一个重要程序,只有在付款人作出承兑后,持票人的付款请求权才得以确定。

1. 商业汇票的承兑银行必须具备的条件

(1)与出票人具有真实的委托付款关系。

(2)具有支付汇票金额的可靠资金。

(3)内部管理完善,经其法人授权的银行审定。

2. 承兑银行的审查

银行承兑汇票的出票人或持票人向银行提示承兑时,银行的信贷部门负责按有关规定和审批程序,对出票人的资格、资信、购销合同和汇票记载的内容进行认真审查,必要时可由出票人提供担保。符合规定和承兑条件的,与出票人签订承兑协议。

付款人承兑商业汇票,应当在汇票正面记载"承兑"字样和承兑日期并签章,见票后定期付款的汇票,应在承兑时记载付款日期。在实务中,银行承兑汇票的承兑文句(即"承兑"字样)已经印在汇票的正面,如"本汇票已经承兑,到期无条件支付票款""本汇票已经承兑,到期日由本行付款"等,无须承兑人另行记载,承兑人只需在承兑人签章处签章并在承兑日期栏填明承兑日期即可。付款人承兑商业汇票,不得附有条件;承兑附有条件的,视为拒绝承兑。

(三)银行承兑汇票的签发与兑付的基本程序

1. 签订交易合同

交易双方经过协商,签订商品交易合同,并在合同中注明采用银行承兑汇票进行结算。作为销货方,如果对方的商业信用不佳,或者对对方的信用状况不甚了解、信心不足,使用银行承兑汇票较为稳妥。因为银行承兑汇票由银行承兑，有银行信用作为保证，所以能及时收回货款。

2. 签发汇票

付款方按照双方签订的合同规定，签发银行承兑汇票。银行承兑汇票一式三联：第一联为卡片，由承兑银行留存备查，到期支付票款时作借方凭证附件；第二联由收款人开户行随托收凭证寄付款行作借方凭证附件；第三联为存根联，由出票人存查。

3. 汇票承兑

付款单位出纳员在填制完银行承兑汇票后，应将汇票的有关内容与交易合同进行核对，核对无误后填制“银行承兑协议”，并在“承兑申请人”处盖单位公章。银行承兑协议一式三联，其内容主要是汇票的基本内容，汇票经银行承兑后承兑申请人应遵守的基本条款等。

4. 支付手续费

按照“银行承兑协议”的规定，付款单位办理承兑手续时向承兑银行支付手续费，由开户银行从付款单位存款账户中扣收。按照现行规定，银行承兑手续费按银行承兑汇票票面金额的万分之五计收，每笔手续费不足10元的，按10元计收。

5. 寄交银行承兑汇票

付款单位按照交易合同规定，向供货方购货，将经过银行承兑后的汇票第二联寄交收款单位，以便收款单位到期收款或背书转让。付款单位寄交汇票后，编制转账凭证。

出纳员在寄交汇票时，应同时登记“应付票据备查簿”，逐项登记发出票据的种类(银行承兑汇票)、交易合同号、票据编号、签发日期、到期日期、收款单位及汇票金额等内容。

收款单位财务部门收到付款单位的银行承兑汇票时，单位出纳员据此登记“应收票据备查簿”，逐项填写备查簿中汇票种类(银行承兑汇票)、交易合同号、票据编号、签发日期、到期日期、票面金额、付款单位、承兑单位等有关内容。

6. 交存票款

按照“银行承兑协议”的规定，承兑申请人(即付款人)应于汇票到期前将票款足额地交存其开户银行(即承兑银行)，以便承兑银行于汇票到期日将款项划拨给收款单位或贴现银行。付款单位财务部门应经常检查专人保管的“银行承兑协议”和“应付票据备查簿”，及时将应付票款足额交存银行。

7. 委托银行收款

收款单位财务部门也应当经常检查专人保管的银行承兑汇票和“应收票据备查簿”，查看汇票是否到期。汇票到期日，收款单位应填制一式三联进账单，并在银行承兑汇票第二联背面加盖预留银行的印鉴，将汇票和进账单一并送交其开户银行，委托开户银行收款。开户银行按照规定对银行承兑汇票进行审查，审查无误后在第一联进账单上加盖业务公章，在第三联进账单上加盖转讫章交收款单位作为收款通知，按规定办理汇票收款业务。

（四）银行承兑汇票的背书规定

（1）银行承兑汇票背书必须记载下列事项：一是被背书人名称；二是背书人签章。未记载上述事项之一的，背书无效。

（2）背书时应当记载背书日期，未记载背书日期的，视为在汇票到期日前背书。

（3）背书记载“委托收款”字样，被背书人有权利代背书人行使被委托的汇票权利。但是，被背书人不得再以背书转让汇票权利。

（4）汇票可以设定质押。质押时，应当以背书记载“质押”字样。被背书人依法实现其质权时，可以行使汇票权利。

（5）票据出票人在票据正面记载“不得转让”字样的，票据不得转让（丧失流通性）。其直接后手再背书转让的，出票人对其直接后手的被背书人不承担保证责任，对被背书人提示付款或委托收款的票据，银行不予以受理。

（6）票据背书人在票据背书人栏记载“不得转让”字样的，其后手再背书转让的，记载“不得转让”字样的背书人对其后手的被背书人不承担保证责任。

（7）背书不得附有条件。背书时附有条件的，所附条件不具有票据上的效力。将汇票的一部分转让的背书或者将汇票金额分别转让给两人以上的背书无效。

（8）汇票被拒绝付款或超过提示付款期限的，不得再背书转让，背书转让的，背书人应当承担票据责任。

（9）背书应当记载在票据的背面或者粘单上，不得记载在票据的正面。背书栏不敷背书的，可以使用统一格式的粘单，黏附于票据凭证上规定的粘接处。粘单上的第一记载人，应当在票据和粘单粘贴处签章。如果背书记载在票据的正面，背书无效。因为背书记载在票据正面，将无法确定背书人的签章究竟是背书行为、承兑行为，还是保证行为，因而也不能确认该签章的效力。

四、商业承兑汇票的结算

商业承兑汇票由收付双方约定签发。由收款人签发的商业承兑汇票,应交付款人承兑;由付款人签发的商业承兑汇票,由付款人本人承兑。

(一)商业承兑汇票的签发和兑付

商业承兑汇票的签发和兑付除以下几点外,其余手续与银行承兑汇票基本相同:

1. 签发汇票

商业承兑汇票按照双方协定,可以由付款单位签发,也可以由收款人签发。商业承兑汇票一式三联:第一联为卡片,由承兑人(付款单位)留存;第二联为商业承兑汇票,由持票人开户银行随托收凭证寄付款人开户银行作借方凭证附件;第三联为存根联,由出票人存查。商业承兑汇票由付款单位承兑。付款单位承兑时,无须填写承兑协议,也不通过银行办理,因而也就无须向银行支付手续费,只需在商业承兑汇票的第二联正面签署“承兑”字样并加盖预留银行的印鉴后,交给收款单位。由收款人签发的商业承兑汇票,应先交付款单位承兑,再交收款单位专门保管。

2. 委托银行收款

作为收款单位,计算从本单位至付款人开户银行的邮程,在汇票到期前,提前委托银行收款。委托银行收款时,应填写一式五联的“托收凭证”,在“托收凭据名称”栏内注明“商业承兑汇票”字样及汇票号码,在商业承兑汇票第二联背面加盖收款单位公章后,一并送交开户银行。开户银行审查后办理有关收款手续,并将盖章后的“托收凭证”第一联退回给收款单位保存。

3. 到期兑付

商业承兑汇票到期,付款单位存款账户无款支付或不足支付时,付款单位开户银行将按规定即按照商业承兑汇票的票面金额的5%收取罚金,不足50元的按50元收取,并通知付款单位送回托收凭证及所附商业承兑汇票。付款单位应在接到通知的次日起2天内,将托收凭证第五联及商业承兑汇票第二联退回开户银行。付款单位开户银行收到付款单位退回的托收凭证、商业承兑汇票和提交的拒付理由书后,将退回的托收凭证、商业承兑汇票和提交的拒付理由书第三联及第四联加盖银行业务公章,一并退回收款单位开户银行转交给收款单位,再由收款单位和付款单位自行协商票款的清偿问题。如果付款单位财务部门已将托收凭证第五联及商业承兑汇票第二联做了账务处理而无法退回时，可以填制一式两联的“应付款项证明单”，将其第一联送付款单位开户银行，由其连同其他凭证一并退回收款单位开户银行再转交收款单位。

4. 贴现

贴现的商业承兑汇票到期，由贴现银行向付款单位收取款项。如汇票到期而付款单位存款不足或无款支付时，按《支付结算办法》规定，银行将商业承兑汇票退回贴现申请人，并从贴现申请人（收款单位）账户收取已贴现票款，收款单位收到银行特种传票后，可立即向付款单位追索票款。如果申请贴现单位的银行存款余额不足，银行将作逾期贷款处理。因此，商业承兑汇票的申请贴现还存在着一个“或有负债”的问题，即申请贴现的企业负有一种潜在的、可能发生的债务。

5. 遗失及注销

商业承兑汇票遗失或未使用办理注销，不需向银行办理注销手续，而由收付款单位双方自行联系处理。

（二）商业汇票的贴现

贴现是指汇票持有人将未到期的商业汇票交给银行，银行按照票面金额扣收自贴现日至汇票到期日期间的利息，将票面金额扣除贴现利息后的净额交给汇票持有人。商业汇票持有人在资金暂时不足的情况下，可以凭承兑的商业汇票向银行办理贴现，以提前取得货款。商业汇票持有人办理汇票贴现的步骤如下：

1. 申请贴现

汇票持有人向银行申请贴现，应填制一式五联的“贴现凭证”：贴现凭证第一联（代申请书）交银行作贴现付出传票；第二联（收入凭证）交银行作贴现申请单位账户收入传票；第三联（收入凭证）交银行作贴现利息收入传票；第四联（收账通知）交银行作贴现申请单位的收账通知；第五联（到期卡）交会计部门按到期日排列保管，到期日作贴现收入凭证。

汇票持有单位（即贴现单位）出纳员应根据汇票的内容逐项填写贴现凭证的有关内容，如贴现申请人的名称、账号、开户银行，贴现汇票的种类、发票日、到期日和汇票号码，汇票承兑人的名称、账号和开户银行，汇票金额的大、小写等。其中，贴现申请人即汇票持有单位本身；贴现汇票种类指是银行承兑汇票还是商业承兑汇票；汇票承兑人，银行承兑汇票为承兑银行，即付款单位开户银行，商业承兑汇票为付款单位自身；汇票金额（即贴现金额）指汇票本身的票面金额。填完贴现凭证后，在第一联贴现凭证“申请人盖章”处和商业汇票第二联、第三联背后加盖预留银行印鉴，然后一并送交开户银行信贷部门。

开户银行信贷部门按照有关规定对汇票及贴现凭证进行审查，重点是审查申请人持有的汇票是否合法、是否在本行开户，汇票联数是否完整、背书是否连续，贴现凭证的填写是否正确，汇票是否在有效期内，承兑银行是否已通知不应贴现以及是否超过本行信贷规模和资金承受能力等。审查无误后在贴现凭证“银行审批”栏签注“同意”字样，并加盖有关人员印章后送银行会计部门。

2. 办理贴现

银行会计部门对银行信贷部门审查的内容进行复核，并审查汇票盖印及压印金额是否真实有效。审查无误后，即按规定计算并在贴现凭证上填写贴现率、贴现利息和实付贴现金额。其中，贴现率是国家规定的月贴现率；贴现利息是指汇票持有人向银行申请贴现而支付给银行的贴现利息；实付贴现金额是指汇票金额（即贴现金额）减去应付贴现利息后的净额，即汇票持有人办理贴现后实际得到的款项金额。按照规定，贴现利息应根据贴现金额、贴现天数（自银行向贴现单位支付贴现票款日起至汇票到期日前一天止的天数）和贴现率计算求得。用公式表示为：

$$贴现利息=贴现金额\times贴现天数\times日贴现率$$

$$日贴现率=月贴现率\div30$$

贴现单位实得贴现金额则等于贴现金额减去应付贴现利息，用公式表示为：

$$实付贴现金额=贴现金额-应付贴现利息$$

银行会计部门填写完贴现率、贴现利息和实付贴现金额后，将贴现凭证第四联加盖转讫章后交给贴现单位作为收账通知，同时将实付贴现金额转入贴现单位账户。贴现单位根据开户银行转回的贴现凭证第四联，按实付贴现金额作银行存款收款凭证，并在“应收票据登记簿”上登记有关贴现情况。

3. 票据到期

汇票到期，由贴现银行通过付款单位开户银行向付款单位办理清算，收回票款。

对于银行承兑汇票，不管付款单位是否无款偿付或不足偿付，贴现银行都能从承兑银行取得票款。

对于商业承兑汇票，贴现的汇票到期，如果付款单位有款足额支付票款，收款单位应于贴现银行收到票款后将应收票据在备查簿中注销。

当付款单位存款不足无力支付到期商业承兑汇票时，按照《支付结算办法》的规定，贴现银行将商业承兑汇票退还给贴现单位，并开出特种转账传票，在其中“转账原因”栏注明“未收到××号汇票款，贴现款已从你账户收取”字样，从贴现单位银行账户直接划转已贴现票款。贴现单位收到银行退回的商业承兑汇票和特种转账传票时，凭特种转账传票编制银行存款付款凭证，同时立即向付款单位追索票款。如果贴现单位账户存款也不足时，按照《支付结算办法》的规定，贴现银行将贴现票款转作逾期贷款，退回商业承兑汇票，并开出特种转账传票，在其中“转账原因”栏注明“贴现已转逾期贷款”字样，贴现单位据此编制转账凭证。

【任务实施】

光华公司是从事商品生产的一般纳税企业，设在杭州市建国路8号，电话0571－88786633；纳税人登记号：42060689483004；开户行：工商银行风起支行；账号：18273740234872；厂长：张宇；财务科长：杨新；出纳员：林华；审核员：李力；记账员：陈萌。2022年发生经济业务：

6月22日，向宏光公司购入甲材料，价税合计117 000元。经双方协商，同意采用商业承兑汇票结算货款，期限3个月。请填写商业承兑汇票，完成图4—29。

商业承兑汇票　2　　　　汇票号码

出票日期（大写）　年　月　日　　　　第　号

付款人	全称			收款人	全称											
	账号				账号											
	开户银行	行号			开户银行	行号										
出票金额		人民币（大写）					千	百	十	万	千	百	十	元	角	分
汇票到期日				交易合同号码												
本汇票已经承兑，到期无条件支付票款 承兑人签章 承兑日期　年　月　日				本汇票请予以承兑，于到期日付款 出票人签章												

此联持票人开户行随委托收款凭证寄付款人开户行作借方凭证附件

图4—29　商业承兑汇票

项目五

出纳账表的编制

学习目标

知识目标

1. 了解会计凭证的意义和作用。

2. 了解会计账簿的含义和分类。

3. 熟知会计凭证和会计账簿的设置。

4. 掌握会计凭证和会计账簿的填制。

能力目标

1. 能够登记现金日记账、库存现金盘点报告表。

2. 能够登记银行存款日记账以及编制银行存款余额调节表。

素质目标

1. 强化出纳人员的专业技能。

2. 养成良好的填制财会表单的工作习惯。

任务一　现金日记账

【任务引入】

林某作为某公司新招聘的出纳员，某一天，领导让其负责填写当日的现金日记账，林某立马在脑海中回忆在学校时老师教授的现金日记账的填制方法。

【知识准备】

一、会计凭证

（一）会计凭证的意义

会计凭证是记录经济业务、明确经济责任、作为收付款和记账依据的书面证明，是凭以登记账簿的重要依据。一切企事业单位办理任何经济业务，都必须办理凭证手续，由执行和完成该项经济业务的有关人员填制具有一定格式的凭证，载明经济业务发生的日期以及有关实物和货币资金的数额等，并在凭证上签名盖章，对凭证的正确性和真实性负完全责任。凭证经过有关人员严格审核，出纳人员认为符合相关法律制度后，办理货币的收支手续，然后登记账簿。总之，取得或填制会计凭证是会计核算所使用的一个重要方法，也是反映、监督经济活动和财务收支的手段。

（二）会计凭证的作用

会计凭证是各单位进行会计核算的基础，它对于提供会计信息、加强会计监督、明确会计责任具有十分重要的作用，具体如下：

（1）反映经济业务情况，保证核算资料可靠。

（2）明确经济责任，加强经济监督。

（3）保证财产、资金的完整与安全。

（三）会计凭证的种类

会计凭证按其填制程序和用途不同，分为原始凭证和记账凭证两大类。

会计凭证的认识

原始凭证是指经济业务发生时取得或填制的凭证，用以记录或证明经济业务的发生或完成情况，并作为记账原始依据的一种会计凭证，是出纳核算和会计核算中的原始材料和重要的证明文件。它是证明经济业务已经发生、明确经济责任，并据以记账的原始依据，它具有法律效力。(出纳原始凭证的填制与审核在项目二任务五中已详述，这里不再赘述。)

记账凭证，又称记账凭单、传票，是指以审核合格的原始凭证或汇总原始凭证为依据，通过归类整理，用以记载经济业务的简要内容、确定会计分录而编制的凭证。它是登记账簿的直接依据。

二、现金出纳凭证

(一)现金出纳凭证的意义

现金出纳凭证是记录现金收付业务活动、明确现金出纳工作中经济责任的书面证明，是凭以登记现金账簿的重要依据。现金收付是指单位货币资金的收付，包括现金和银行存款，不单指现金。企事业单位每天都要发生大量的现金收付业务，这便要求出纳人员取得或填制现金出纳凭证，真实、完整地记录和反映单位现金出纳业务情况以明确经济责任。

(二)现金出纳凭证的作用

现金出纳凭证不仅具有初步记载现金出纳业务、传递经济信息，并作为记账依据的作用，同时还有传送现金收支情况、作为办理现金出纳业务手续依据的作用。因此，填制和审核现金出纳凭证对于全面完成现金出纳任务具有十分重要的意义。

(1)通过现金出纳凭证的填制和审核，可以如实、及时地归类记载现金收付业务。

(2)通过现金出纳凭证的填制和审查，可以分清各自经济责任，强化经济责任制。

(3)通过现金出纳凭证的填制和审核，可以检查现金出纳业务的合理性、合法性，保护国家现金财产的安全、完整，使之得到合理使用。

(三)现金出纳凭证的种类

现金出纳凭证仍然可分为原始凭证和记账凭证两种。

(1)现金出纳的原始凭证主要是出纳收入现金和支付现金的会计凭证。(现金原始凭证已在项目三任务二、任务三中说明，这里不再赘述。)

(2)现金出纳的记账凭证主要是根据现金收付业务的原始凭证编制的现金收款记账凭证(如图 5－1 所示)和现金付款记账凭证(如图 5－2 所示)。如单位使用的是通用记账凭证格式，则现金收、付记账凭证如图 5－3 所示。

收款凭证

借方科目：＿＿＿＿　　　　年　月　日　　　　现收字第××号

摘　要	科　目	结算方式	记账	金额									
				千	百	十	万	千	百	十	元	角	分
合 计	大写：仟　佰　拾　万　仟　佰　拾　元　角　分												

主管　　　会计　　　出纳　　　制单　　　缴款人签字

图 5—1　收款凭证

付款凭证

应贷科目：库存现金　　　　年　月　日　　　　现付字第××号

摘　要	应贷科目		√	√	金　额									
	一级	一级或明细			千	百	十	万	千	百	十	元	角	分
购买货物	销售费用	×××××							¥	8	0	0	0	0
合　　计									¥	8	0	0	0	0

会计主管　　　记账　　　稽核　　　出纳　　　填制

图 5—2　付款凭证

记账凭证

年　月　日

摘　要	一级会计科目	明细科目	页次	借方金额										√	借或贷	贷方金额										√
				千	百	十	万	千	百	十	元	角	分			千	百	十	万	千	百	十	元	角	分	
购买货物	管理费用							¥	8	0	0	0	0													
	库存现金																			¥	8	0	0	0	0	
合　　计								¥	8	0	0	0	0							¥	8	0	0	0	0	

会计主管　　　记账　　　稽核　　　出纳　　　填制

图 5—3　记账凭证

出纳凭证的填制

(四)现金出纳凭证的填制

填制现金出纳凭证要求做到内容齐全、书写清晰、数据规范、会计科目准确、编号合理、签章手续完备等。

(1)现金出纳凭证的内容必须齐全。凡是凭证格式上规定的各项内容必须逐项填写齐全,不得遗漏和省略,以便完整地反映经济活动全貌,这是填制现金出纳凭证最起码的要求。

(2)填写现金出纳凭证的文字、数字必须清晰、工整、规范。

(3)记账凭证中所运用的会计科目必须适当。按照原始凭证所反映的现金出纳业务的性质,根据会计准则的规定,确定应"收"、应"付"会计科目,需要登记明细账的,还应列明二级科目和明细科目的名称并据以登账。一般来说,出纳人员只涉及收付款凭证,不涉及转账凭证。对于收款凭证,其借方科目为"库存现金"或"银行存款",其贷方科目则应根据经济业务内容和本行业具体情况而定,如销售产品取得现金,贷方科目为"主营业务收入";对于付款凭证,贷方科目为"库存现金"或"银行存款",借方科目也是根据经济业务内容和行业会计制度情况而定,比如企业用现金采购材料,借记"原材料"。

(4)现金出纳凭证要求连续编号以便备查,如一式几联的发票收款收据都应连续编号,按编号顺序使用。作废时应加盖"作废"戳记,连同存根联一起保存,不得撕毁。记账凭证一般是按月顺序编写,即将每月第一天第一笔现金收付事项作为会计凭证的第一号,按顺序编至月末。不允许漏号、重号、错号。为了防止记账凭证丢失,应在填制凭证时及时编号。

(5)现金出纳的签章必须完备。从外单位或个人处取得的原始凭证,必须盖有填制单位的公章或财务专用章;出纳人员办理收付款项以后,应在收付款的原始凭证上加盖"收讫""付讫"戳记;记账凭证中要有凭证填制人员、稽核人员、记账人员、会计主管人员的签名或盖章。另外,凡是经过审查和处理的凭证,必须加盖规定的公章并有相关人员的签章;传票附件要加盖"作附件"戳记;对外的重要单证,如存单、存折、收据应加盖业务公章。

(五)现金出纳凭证的审核

审查现金出纳凭证是保证现金出纳资料真实可靠的重要措施,无论是自制还是外来的现金出纳凭证都必须根据业务的具体要求,严格进行审查,保证真实、正确、完整、合理、合法。只有审核合格的凭证,才能作为办理现金收付和据此登记账簿的根据。现金出纳凭证的审核包括政策性审核和技术性审核两个方面。

(六)现金出纳凭证的保管

现金出纳凭证是记录经济业务、明确经济责任的书面文件和记账依据。因此,它是重要的经济档案和历史资料。各单位对凭证必须妥善保管,以便随时抽查,同时便于上级或其他有关机关事后了解经济业务、检查账务。现金出纳凭证的保管包括登账以后的整理、装订和归档存查的过程,以便日后查阅。

三、出纳账簿

(一)出纳账簿的含义及分类

出纳账是以会计凭证为依据,全面、连续地反映货币资金收付业务的账簿,主要是现金日记账和银行存款日记账以及有关的备查账簿。一般情况下,出纳账是逐笔、逐日、序时、连续进行登记的,是出纳的主要业务活动。按照不同的标准,会计账簿有不同的分类。

1. 按用途划分

会计账簿按其用途不同,可分为序时账簿、分类账簿和备查账簿。

(1)序时账簿,又称日记账,是指按经济业务发生的时间先后顺序逐日逐笔登记经济业务的账簿。用来登记全部经济业务发生情况的序时账簿称为普通日记账;用来记录某一类经济业务发生情况的日记账称为特种日记账,如现金日记账、银行存款日记账。在我国,出纳需填制现金日记账和银行存款日记账。

(2)分类账簿,是指对全部经济业务按照总分类科目和明细分类科目分类登记的账簿。它又分为总分类账簿和明细分类账簿。

(3)备查账簿,又称辅助账簿,是指对以上两种主要账簿进行补充登记的账簿,如有价证券登记簿等。

2. 按外表形式划分

会计账簿按其外表形式不同,可分为订本账、活页账、卡片账。

(1)订本式账簿,简称订本账,是指在启用前把编有顺序号的若干账页固定装订成册的账簿。这种账簿可以防止账页散失、抽换,用于总分类账、现金日记账和银行存款日记账。

(2)活页式账簿,简称活页账,是指把零散的账页放置在活页账夹内,可以随时增减账页的账簿。其特点是使用灵活。

(3)卡片式账簿,简称卡片账,是指由具有一定格式的卡片组成,存放在卡片箱中,可以随时取放的账簿。

(二)出纳账簿的设置与启用

出纳账簿

1. 出纳账簿设置的基本要求

(1)每个单位都必须设置现金日记账和银行存款日记账，这两个账簿是国家财政部门建账监管的主要账簿。现金日记账和银行存款日记账必须采用三栏式的订本式账簿，不得用银行对账单或其他方法代替日记账。

(2)备查账簿可根据每个单位的具体情况设置。

2. 出纳账簿的启用和交接

出纳账簿的启用和交接，都必须办理会计手续，即由经管日记账簿和登记日记账簿的出纳人员，在账簿有关栏目中签名盖章，注明其会计责任及期限的各项专业手续。

(1)在启用会计账簿时，应当在账簿封面上写明单位名称和账簿名称；在账簿扉页上附的启用表(如图 5－4 所示)内容包括启用日期、账簿页数以及记账人员和会计机构负责人、会计主管人员姓名及其签章，并加盖单位公章。

账簿启用和经管人员一览表

账簿名称：________　　单位名称：________

账簿编号：________　　账簿册数：________

账簿页数：________　　启用日期：________

会计主管：________　　记账人员：________

移交日期			移交人		接管日期			接管人		会计主管	
年	月	日	姓名	签章	年	月	日	姓名	签章	姓名	签章

图 5－4　账簿启用和经管人员一览表

(2)出纳人员因工作变动需调换时，新、老出纳人员必须办理交接手续。交接中，在有关出纳账簿扉页上注明交接日期、接管人员或者监督交换人员姓名，并由交换双方人员签名或盖章。必要时，在会计主管人员或有关责任人的主持下进行交接，点清库存现金及各种有价证券，交出空白发票或收据、支票、印鉴和账簿等，复写一式多份的“会计交接手续说明和财产物资清单”，并由交换双方和监交人一起在上面签章。

现金日记账和银行存款日记账登账的基本要求与规则

(三)现金日记账和银行存款日记账登账的基本要求与规则

1.启用现金日记账和银行存款日记账的基本要求

启用订本式现金日记账和银行存款日记账后,应当按从第一页到最后一页顺序编写页数,不得跳页、缺页。以后登记中也不得撕毁其中的任何一页,即使是作废的账页也应保留在上面。

2.日记账登账的要求与规则

(1)出纳账必须根据审核无误的会计凭证进行登记。出纳人员对于认为有问题的会计凭证,应提供给会计主管进一步审核,由会计主管按照规定作出处理决定。出纳人员不能擅自更改会计凭证,更无权随意处置原始凭证。对于有问题而又未明确解决的会计凭证或经济业务,出纳应拒绝入账。

(2)登记出纳账应按从第一页到最后一页的顺序进行,不得跳行、隔页、缺号。如果发生了跳行、隔页,不能因此而撕毁账页,也不得任意涂改,而应在空白行或空白页的摘要栏内,划红色对角线予以注销,或者注明“此行空白”“此页空白”字样,并由出纳人员签章。订本式日记账严禁撕毁账页。

(3)出纳日记账应该每天逐笔登记,每日结出余额。现金日记账余额每天还要与库存现金进行核对。

(4)登记出纳日记账时,应当将所依据的会计凭证日期、编号、业务内容摘要、金额和其他有关资料逐项记入账内,做到数字准确、摘要清楚、登记及时、字迹工整。

(5)日记账中书写的文字和数字上面要留有适当空格,不要写满格,一般应占格距的1/2,以便留有改错的空间。

(6)登记日记账要用蓝黑墨水或碳素墨水书写,不得使用圆珠笔、铅笔书写。红色墨水只能在结账划线、划线更正错误和红字冲账时使用。

(7)每一账页登记完毕结转下页时,应当结出本页合计数及余额,写在本页最后一行和下页第一行有关栏内,并在摘要栏内注明“过次页”和“承前页”字样;也可以将本页合计数及余额只写在下一页第一行有关栏内,并在摘要栏内注明“承前页”字样。

(8)在登账过程中发生账簿记录错误,不得刮、擦、挖、补,更不允许采用褪色药水或修正液进行更正,也不得更换账页重抄,而应根据错误的具体情况,采用正确的方法予以更正。

日记账的对账与结账

(四)日记账的对账与结账

1.日记账的对账

对账是对出纳账簿记录所进行的核对工作。对账工作是保证账证、账账、账实、账表相符的重要条件。出纳账的对账包括：

(1)账证核对。它是指出纳账记录与据以登账的会计凭证之间的核对，检查其两者的时间、凭证字号、内容、金额是否一致，要求做到账证相符。

(2)账账核对。它是指出纳的现金日记账和银行存款日记账要与会计掌管的现金和银行存款总账核对，要求做到账账相符。

(3)账实核对。它是指每日的现金日记账余额与库存现金实有数核对，银行存款出纳账定期与单位在银行的实际存款(用银行对账单代替)金额核对，要求做到账实相符。

(4)账表核对。它是指每期会计报表中的现金和银行存款数必须与出纳账的数字核对，做到账表相符。

2. 日记账的结账

(1)结账前，必须将本期内所发生的各项现金和银行存款收付业务全部登记入账。

(2)结账时，结出“现金”和“银行存款”账户的本月(年)发生额和期末余额。结账分为月结和年结。月结时，在摘要栏内注明“本月合计”字样，并在下面通栏划单红线即可；年结时，在摘要栏内注明“本年累计”字样，并在下面通栏划双红线。

(3)年度终了，将“现金”和“银行存款”账户的余额结转到下一会计年度，并在摘要栏内注明“结转下年”字样；在下一会计年度新建的“现金”和“银行存款”日记账第一页第一行的摘要栏内注明“上年结转”字样，并将金额填入余额栏。

四、库存现金日记账

无论是现金收款业务还是现金付款业务，出纳员应做的最后一个环节就是登记库存现金日记账。只有及时登记库存现金日记账，才能真正做到日清月结，也才能保证现金的安全、完整，从而加强对现金的管理和监督，更合理地组织和使用现金，提高现金利用效率，同时为企业有关各方提供本单位现金全面、系统的信息，并为编制会计报表提供准确的依据。

(一)库存现金日记账的含义

库存现金日记账是记录和反映本单位在经济业务中，由于使用现金结算而发生的现金的收付变动及其结存余额的账簿。库存现金日记账由出纳员根据现金收款凭证和现金付款凭证每日逐笔登记，并于每日终了结出现金结存额。

鉴于现金的重要性，库存现金日记账必须采用订本式账簿，账页按顺序编号，不得随意抽换或增添，也不得随意涂改，以保持账页页数完整，账页表面清楚、明晰，序时记录系统完整，防止不法分子从中舞弊。

(二)库存现金日记账的格式

库存现金日记账的格式有三栏式和多栏式两种。

1. 三栏式

三栏式是指在同一张账页上设置“收入(借方)”“支出(贷方)”“结余”三栏，分别反映现金的收入、支出和结存情况。此外，还在“摘要”栏后设置“对方科目”栏，以便具体登记对方科目名称(见表5—1)。

表5—1　　现金日记账(三栏式)

第　　页

年		凭证		摘要	对方科目	收入(借方)	支出(贷方)	结余
月	日	字	号					

2. 多栏式

有些企业为了在库存现金日记账中更清楚地反映现金收入的来源和付出的用途，也可采用多栏式的库存现金日记账，即收入栏(借方栏)和支出栏(贷方栏)按现金的对应科目设置专栏(见表5—2)。

表5—2　　现金日记账(多栏式)

第　　页

年		凭证		摘要	收入(借方)				支出(贷方)				结余
					应贷科目				应借科目				
月	日	字	号		银行存款	其他应收款	……	合计	其他应收款	管理费用	……	合计	

多栏式现金日记账，如果借、贷两方对应的科目太多就会使账页过长，不便于保管和记账。因此，实际工作中，如果收付款凭证过多，现金的对应科目较多，为避免日记账的账页太宽，可以分别设置“现金收入日记账”和“现金支出日记账”。其中，现金收入日记账按对应的贷方科目设置专栏，另设“支出合计”栏和“结余”栏；现金支出日记账则只按支

出的对方科目设专栏，不设“收入合计”栏和“结余”栏（见表5－3和表5－4）。

表5—3　　**现金收入日记账**

第1页

年		凭证		摘　要	贷方科目				支出合计	结余
月	日	字	号		银行存款	其他应收款	……	收入合计		

表5—4　　**现金支出日记账**

第1页

年		凭证		摘　要	借方科目					
月	日	字	号		其他应收款	管理费用	销售费用	制造费用	……	支出合计

这种借、贷方分设的多栏式日记账的登记方法是：根据有关现金收入业务的记账凭证登记现金收入日记账，根据有关现金支出业务的记账凭证登记现金支出日记账，每日业务终了，根据现金支出日记账结计的支出合计数，一并转入现金收入日记账的“支出合计”栏中，并结出当日余额。

（三）库存现金日记账设置的原则

库存现金日记账设置的原则

库存现金日记账的设置，首先应立足于企业自身的需要，不能过于烦琐，也不能过于简单，它所反映的内容应该既要达到满足核算和管理需要的目的，又要起到监督的作用。设置库存现金日记账是为了能够正确、全面、及时地反映本单位现金的收付和结存情况，帮助会计部门和其他经营管理部门对现金进行正确核算和科学管理，随时掌握现金的动态，促进现金的高效利用，这是库存现金日记账设置的基本原则。

不同的企业，其经济业务的性质不同、规模大小不同，那么经营管理的要求也不同，相应地，需要设置的库存现金日记账的种类、格式也就不同。小规模企业，虽然业务比较简单、业务量较少，但现金业务也可能相对频繁一些。如果是只有人民币业务的企业，一般只需设置一本库存现金日记账即可；如果有除了人民币以外的外汇现金的情况，一般应按现金的种类设置库存现金日记账，以分别反映不同现金的收付和结存情况，增强它的安全管理，防止现金的流失。另外，库存现金日记账也有多种格式，在一般情况下使用三栏式日记账即可，如果企业现金业务发生频繁，为了分别反映不同项目在一定时期内所收入和付出现金的多少，或者说为了分别反映在一定时期内现金收入的来源和支出的去向，企业可以使用多栏式日记账。除了以上这些，为了避免账页过宽，还可以分设现金收入日记账和现金支出日记账等。

总之，库存现金日记账的设置应该使得它所反映的内容不仅要起到提供给管理当局现金动态情况的作用，还要成为约束出纳员行为及帮助出纳员更有效管理现金的工具，保障现金的安全、完整，以免损失。

（四）库存现金日记账的登记

出纳员登记库存现金日记账时应按一定要求，不能随心所欲地登记，具体要求如下：

（1）出纳员登记出纳账簿时，应将出纳凭证日期、编号、业务内容摘要、金额和其他有关资料逐项记入账内，做到数字准确、摘要清楚、登记及时、字迹工整。

（2）记账凭证登记完毕，出纳员应在凭证上签名或盖章，并将登记账页的页码数填入记账凭证内有关行次，或在“记账符号”栏内打上“√”符号，表示此笔业务已经登记入账。

（3）账簿中书写的文字和数据适当留空，不要写满格或越格错位，书写文字应紧靠左线，书写数据应紧靠底线，字体大小一般应占格宽的1/2，空出行距上截约 1/2 的位置，以便出现差错时按规定方法改错。

（4）登记账目需用蓝黑墨水或碳素墨水书写，不得用圆珠笔或铅笔书写，红色墨水只能用于冲账、划线、改错时使用。

（5）账簿应按页次顺序连续登记，不得跳行、隔页，如果发生跳行、隔页，应将空行、空页划线注销，或者注明“此行空白”“此页空白”字样，并由出纳员加盖名章，以明确责任。

（6）出纳员应按日结出余额，在“借或贷”栏内写明“借”或“贷”等字样，表明余额是在借方还是在贷方。如果没有余额，应在“借或贷”栏内写明“平”字，并在余额栏内用“0”表示。

（7）账页登记完毕结转下页时，应结出本页合计数及余额，写在本页最后一行和次页第一行有关栏内，同时在摘要栏内分别注明“过次页”和“承前页”字样，表示衔接。

（五）库存现金日记账登记举例

光华有限公司 2022 年 6 月初库存现金日记账（见表 5—5）期初余额为 1 200 元，6 月份发生如下涉及库存现金收付的业务：

(1)3 日,开出现金支票,从银行提取现金 1 000 元。

借:库存现金　　1 000

　　贷:银行存款　　1 000

(2)4 日,采购员高峰预支差旅费 800 元,以现金支付。

借:其他应收款　　800

　　贷:库存现金　　800

(3)10 日,开出现金支票,从银行提取现金 19 000 元,备发工资。

借:库存现金　　19 000

　　贷:银行存款　　19 000

(4)10 日,以现金 19 000 元发放上月应付职工工资。

借:应付职工薪酬　　19 000

　　贷:库存现金　　19 000

(5)12 日,以现金 260 元为行政管理部门购买办公用品。

借:管理费用　　260

　　贷:库存现金　　260

(6)15 日,以现金 385 元支付财务科打印机修理费。

借:管理费用　　385

　　贷:库存现金　　385

(7)20 日,采购员高峰出差归来报销差旅费后交回剩余现金 156 元。

借:库存现金　　156

　　贷:其他应收款　　156

(8)24 日,为购货方代垫运费 580 元。

借:应收账款　　580

　　贷:库存现金　　580

(9)29 日,收包装物押金 2 000 元,以现金收讫。

借:库存现金　　2 000

　　贷:其他应付款　　2 000

(10)30 日,将现金 1 400 元存入银行。

借:银行存款　　1 400

　　贷:库存现金　　1 400

表 5—5　　　　现金日记账

第　页

2022 年		凭证		摘　要	对方科目	收入	支出	结余
月	日	字	号					
6		略	略	期初余额				1 200
	3			提现	银行存款	1 000		2 200
	4			高峰预支差旅费	其他应收款		800	1 400
	10			提现	银行存款	19 000		
	10			发放工资	应付职工薪酬		19 000	1 400
	12			购买办公用品	管理费用		260	1 140
	15			支付打印机修理费	管理费用		385	755
	20			高峰交回出差剩余款	其他应收款	156		911
	24			代垫运费	应收账款		580	331
	29			收包装物押金	其他应付款	2 000		2 331
	30			存入银行	银行存款		1 400	931

现金结算实务

五、现金结算实务

下面以光明公司 2022 年 10 月份发生的现金收付业务为例，说明现金业务的实际操作过程。光明公司 2022 年 10 月初现金余额为 15 000 元，银行核定的库存限额为 20 000 元。

(1)4 日，王其借支差旅费 2 000 元，填制了借款单，并报请领导签了字。

(2)4 日，销售部章华持手续齐备的领款单，领取备用金 1 000 元。

(3)4 日，销售 A 产品，收到 5 笔现金，开出增值税专用发票 5 份，价款共计 4 000 元，税款共计 680 元。

(4)4 日，职工陈栋归还借款 800 元。

(5)4 日，将销售款项 4 680 元存入银行，带回现金缴款单第一联。

第一笔业务根据借款单编制现金付款凭证，如表 5—6 所示。

表 5—6　　　　**付款凭证**

贷方科目:库存现金　　2022 年 10 月 4 日　　现付字第 01 号

摘　要	借方科目		记账	金　额
	一级科目	明细科目		
王其借支差旅费	其他应收款	王其		2 000.00
合　计				2 000.00

会计主管：　　记账：　　出纳：　　审核：　　制单：

第二笔业务根据领款单编制现金付款凭证,如表 5—7 所示。

表 5—7　　　　**付款凭证**

贷方科目:库存现金　　2022 年 10 月 4 日　　现付字第 02 号

摘　要	借方科目		记账	金　额
	一级科目	明细科目		
销售部门领取备用金	其他应收款	销售部门		1 000.00
合　计				1 000.00

会计主管：　　记账：　　出纳：　　审核：　　制单：

第三笔业务根据增值税专用发票第四联编制现金收款凭证,如表 5—8 所示。

表 5—8　　　　**收款凭证**

借方科目:库存现金　　2022 年 10 月 4 日　　现收字第 01 号

摘　要	贷方科目		记账	金　额
	一级科目	明细科目		
销售 A 产品	主营业务收入	A 产品		4 000.00
	应交税费	应交增值税（销项税额）		680.00

续表

摘　要	贷方科目		记账	金　额
	一级科目	明细科目		
合　计				4 680.00

会计主管：　　记账：　　出纳：　　审核：　　制单：

第四笔业务根据借款单编制现金收款凭证，如表5—9所示。

表5—9　　收款凭证

借方科目：库存现金　　2022年10月4日　　现收字第02号

摘　要	贷方科目		记账	金　额
	一级科目	明细科目		
陈栋归还借款	其他应收款	陈栋		800.00
合　计				800.00

会计主管：　　记账：　　出纳：　　审核：　　制单：

第五笔业务根据现金缴款单第一联编制现金付款凭证，如表5—10所示。

当业务同时涉及现金和银行存款的收付时，只编制付款凭证。

表5—10　　付款凭证

贷方科目：库存现金　　2022年10月4日　　现付字第03号

摘　要	借方科目		记账	金　额
	一级科目	明细科目		
销售款项送存银行	银行存款			4 680.00
合　计				4 680.00

会计主管：　　记账：　　出纳：　　审核：　　制单：

下面发生的经济业务，都以会计分录代替记账凭证。

(6)8 日，出纳签发一张现金支票，到银行提取现金 5 000 元。

该业务根据支票存根登记现金日记账或编制银行存款付款凭证，分录为：

借：库存现金　　5 000

　　贷：银行存款　　5 000

(7)8 日，单位用现金购买办公用品 900 元。

该业务根据购买发票登记现金日记账或编制现金付款凭证，分录为：

借：管理费用——办公费　　900

　　贷：库存现金　　900

(8)8 日，职工桑名报销医药费 100 元。

该业务根据医药费保险单登记现金日记账或编制现金付款凭证，分录为：

借：应付职工薪酬——福利费　　100

　　贷：库存现金　　100

(9)8 日，收到职工王枚的赔偿款 120 元，开出内部收据一张。

该业务根据收据第三联登记现金日记账或编制现金收款凭证，分录为：

借：库存现金　　120

　　贷：其他应收款——赔偿款　　120

(10)15 日，王其出差归来，报销差旅费 1 800 元，并退回多余款项。

该业务根据王其填写的差旅费报销单，由出纳或会计对其进行审核无误后，登记现金日记账或编制现金收款凭证和转账凭证，分录为：

借：库存现金　　200

　　贷：其他应收款——王其　　200

借：管理费用　　1 800

　　贷：其他应收款——王其　　1 800

(11)15 日，收回乙公司前欠货款 900 元，开出普通发票一张。

该业务根据普通发票第三联登记现金日记账或编制现金收款凭证，分录为：

借：库存现金　　900

　　贷：应收账款——乙公司　　900

(12)15 日，支付第一季度报刊费 600 元。

该业务根据收到的邮局发票第二联登记现金日记账或编制现金付款凭证，分录为：

借：管理费用——报刊费　　600

　　贷：库存现金　　600

(13)15 日，退回预收甲公司的包装物押金 800 元。

该业务根据收回以前开出的押金收据和付款单登记现金日记账或编制现金付款凭证，分录为：

借：其他应付款——甲公司　　800

　　贷：库存现金　　800

(14)30 日，车间购买考勤表等办公用品，款项 300 元用现金支付，取得普通发票。

该业务根据普通发票第三联登记现金日记账或编制现金付款凭证，分录为：

借：制造费用　　300

　　贷：库存现金　　300

(15)30 日，根据领导已经审批的工资表，上午开出金额为 100 000 元的现金支票一张到银行提现。下午发放 10 月份工资 100 000 元，其中：生产工人工资 60 000 元，生产车间管理人员工资 5 000 元，行政管理人员工资 25 000 元，销售人员工资 10 000 元。

该业务根据支票存根和工资表登记现金日记账或编制银行存款付款凭证、现金付款凭证，分录为：

借：库存现金　　100 000

　　贷：银行存款　　100 000

借：应付职工薪酬——工资　　100 000

　　贷：库存现金　　100 000

(16)30 日，出售办公室废旧报刊，取得现金 100 元。

该业务根据收据第三联登记现金日记账或编制现金收款凭证，分录为：

借：库存现金　　100

　　贷：管理费用　　100

(17)31 日，开出现金支票 3 500 元，补足库存限额。

该业务根据现金支票存根登记现金日记账或编制银行存款付款凭证，分录为：

借：库存现金　　3 500

　　贷：银行存款　　3 500

根据上述业务，出纳人员登记现金日记账如表 5－11 所示。

表 5－11　　　　　　　　　现金日记账

2022 年度　　　　　　　　　第 1 页

2022 年		凭证号	摘　要	借　方									贷　方									借或贷	余　额								
月	日			百	十	万	千	百	十	元	角	分	百	十	万	千	百	十	元	角	分		百	十	万	千	百	十	元	角	分
10	1		期初余额																			借			1	5	0	0	0	0	0
	4	现付 1	借差旅费													2	0	0	0	0	0										
		现付 2	领备用金													1	0	0	0	0	0										
		现收 1	销售 A 产品				4	6	8	0	0	0																			
		现收 2	归还借款					8	0	0	0	0																			
		现付 3	销售款送存银行													4	6	8	0	0	0										
			本日合计				5	4	8	0	0	0				7	6	8	0	0	0	借			1	2	8	0	0	0	0
	8	银付 3	支票提现				5	0	0	0	0	0																			
		现付 4	购买办公用品														9	0	0	0	0										
		现付 5	报销医药费														1	0	0	0	0										
		现收 3	收赔偿款					1	2	0	0	0																			
			本日合计				5	1	2	0	0	0				1	0	0	0	0	0	借			1	6	9	2	0	0	0
	15	现收 4	退回多余款					2	0	0	0	0																			
		现收 5	收回货款					9	0	0	0	0																			
		现付 6	支付报刊费														6	0	0	0	0										
		现付 7	退回押金														8	0	0	0	0										
			本日合计				1	1	0	0	0	0				1	4	0	0	0	0	借			1	6	6	2	0	0	0
	30	现付 8	购买办公用品														3	0	0	0	0										
		银付 6	提现发工资		1	0	0	0	0	0	0	0																			
		现付 9	发工资											1	0	0	0	0	0	0	0										
		现收 6	出售废旧报刊					1	0	0	0	0																			
			本日合计		1	0	0	1	0	0	0	0		1	0	0	3	0	0	0	0	借			1	6	4	2	0	0	0
	31	银付 10	支票提现				3	5	0	0	0	0																			
			本月合计		1	1	5	3	0	0	0	0		1	1	0	3	8	0	0	0	借			1	9	9	2	0	0	0

【任务实施】

某公司 2022 年 11 月上旬发生以下与现金有关的经济业务：

(1)1 日，填制现金支票，从银行提取现金 1 000 元。

(2)2 日，业务员张华因公出差申请借款 500 元。

(3)5 日，办公室借定额备用金 2 000 元。

(4)7 日，职工张华出差回来，报销费用 300 元，归还余款 200 元。

(5)8 日，收到零星收入 1 000 元，送存银行。

(6)10 日，办公室报销费用 600 元，补足备用金。

要求：根据上述业务登记表 5－12 的现金日记账。

表 5－12　　　　　　　　　　　　　现金日记账

2022 年度　　　　　　　　　　　　第 1 页

2022 年		凭证号	摘　要	借　方									贷　方									借或贷	余　额								
月	日			百	十	万	千	百	十	元	角	分	百	十	万	千	百	十	元	角	分		百	十	万	千	百	十	元	角	分

任务二　库存现金盘点报告表

【任务引入】

公司今日计划盘点库存现金，林某的出纳老师便借机考察一下林某的专业知识："小林，你知道库存现金盘点报告表应该怎样填写吗？"林某陷入了沉思。

【知识准备】

一、库存现金清查业务办理流程

库存现金清查业务办理流程具体如下：

(1)出纳员将未入账的收付票据及时登账，结出当日现金日记账余额；

(2)清查小组当面清点库存现金；

(3)将清点的库存现金与当日现金日记账余额核对，编制"库存现金盘点报告表"；

(4)将“库存现金盘点报告表”转给总账报表会计填制记账凭证；

(5)出纳员根据审核无误的记账凭证登记现金日记账。

二、库存现金盘点报告表的填写

库存现金盘点报告表

库存现金盘点报告表的填写方法如下：

(1)盘点日期。填写盘点当天的年、月、日及具体的盘点时间。

(2)实存金额。填写实际清点的现金金额。

(3)账存金额。填写库存现金日记账的账面金额。

(4)盘盈(亏)数。如果账实相符，不填；如果账实不符，填写相应的栏目。

(5)处理意见。单位负责人填写处理意见并签名。

(6)核点。出纳签名。

(7)复点。清查小组中复点人员签名。

(8)监点。清查小组组长签名，一般为财务负责人。

库存现金盘点报告表的格式如表 5—13 所示。

表 5—13　　库存现金盘点报告表

实存金额	账存金额	盈亏情况		备　注
		盘盈数	盘亏数	
处理意见：				

监点：　　　　复点：　　　　核点：

【任务实施】

某公司 2022 年 12 月底在进行库存现金盘点时，发现实存金额与账存金额存在误差，经查是以下几笔业务登记出现误差导致：

(1)12 月 1 日，财会人员在登记现金日记账时错将 196 元登记为 169 元。

(2)12 月 2 日，财会人员在登记现金日记账时遗失收支凭证，漏记 5 000 元。

(3)12 月 15 日，财会人员在登记现金日记账时错将 195 元登记为

159 元。

(4)12 月 17 日，财会人员在登记现金日记账时重复登记两张收支凭证，多记 1 100 元。

要求：为上述本月 4 笔业务登记库存现金盘点报告表，登记到表 5－14 中，记录公司库存现金盈亏情况。

表 5－14　　　　库存现金盘点报告表

盘点日期：

实存金额	账存金额	盈亏情况		备　注
		盘盈数	盘亏数	
处理意见：				

监点：　　　　　　复点：　　　　　　核点：

任务三　银行存款日记账

【任务引入】

公司领导选择让刚入职的林某来负责登记银行存款日记账，那么，林某想要胜任这份工作需要了解哪些出纳知识呢？

【知识准备】

银行存款
日记账

一、银行存款日记账及其格式

银行存款日记账是按业务发生顺序逐日逐笔反映银行存款增减变化和结余情况的账簿。银行存款日记账是重要的序时核算账簿，由出纳员按照审核无误的银行存款收付凭证来登记。

(一)银行存款日记账的启用

根据《会计基础工作规范》的要求，银行存款日记账必须采用订本式账簿，不得用银行对账单或者其他方法代替日记账。

启用银行存款日记账时，应当在账簿封面上写明单位名称，并填写账簿扉页上的启用表。账簿启用表的内容包括启用日期、账簿页数以及记账人员和会计机构负责人、会计主管人员姓名，并加盖名章和单位公章。对于账簿应当按从第一页到最后一页顺序编定页数，不得跳页、缺号。

(二)银行存款日记账的格式

银行存款日记账的账页格式，有三栏式和多栏式两种。

三栏式银行存款日记账的特点是，银行存款的收入、支出和结余均在一张账页中反映。多栏式银行存款日记账是在三栏式账页格式的基础上，对银行存款的收入和支出内容进行分类反映，即分别设置银行存款收入日记账和银行存款支出日记账。

二、银行存款日记账的登记

(一)银行存款日记账的登记依据

银行存款日记账是依据银行存款收款凭证、银行存款付款凭证和部分现金付款凭证(即将现金存入银行的业务)登记的。银行收付款凭证是根据银行存款收付业务的原始凭证填制的，它是登记银行存款日记账及有关明细账的直接依据。

(二)银行存款日记账的登记要求

银行存款日记账的登记，除应符合会计账簿登记的一般要求外，还应注意以下几点：

(1)应按银行和其他金融机构的名称与存款种类分别设置账簿。规模较大的单位，除在基本存款账户所在行开立账户外，往往还在其他银行和金融机构开立存款账户，为准确、及时地反映不同存款种类和币种的增减变化和结余情况，便于对银行存款进行有效控制，银行存款日记账应按不同的开户行和存款种类分别设置。

(2)出纳员必须根据审核无误的银行存款收付记账凭证及有关的现金付款凭证登记日记账，登记完毕后在会计凭证上打“√”。

(3)应按年度启用新账簿(不论原账簿是否用完)，并在新账簿上贴“五元”印花税票。启用新账簿时，应把上年度的年末余额记入新账第一行余额栏内，并在摘要栏注明“上年结转”字样。

(4)应逐笔序时登记，做到日清月结。银行存款日记账必须逐日结出余额；每月月末应按规定结账，结出本月收入数、付出数和结存数，且不得出现贷方余额即红字。

(三)银行存款日记账的登记方法

对三栏式银行存款日记账,一般是由出纳员根据银行存款收付凭证及有关现金付款凭证,直接逐日逐笔登记,填明记账日期、凭证号、对方科目、借贷方发生额等,对每笔业务要单独登记不得合并,每日账要每日清,不得合并登记。

三、银行存款日记账的登记举例

A公司2022年6月份发生以下涉及银行存款收付的业务:

(1)6月2日,签发现金支票一张10 000元提取现金,凭证号为付字2,会计分录为:

借:库存现金　　10 000
　　贷:银行存款　　10 000

(2)6月3日,收到B公司偿还的货款11 000元,凭证号为收字3,会计分录为:

借:银行存款　　11 000
　　贷:应收账款——B公司　　11 000

(3)6月4日,应付票据到期,以银行存款支付金额30 000元,凭证号为付字7,会计分录为:

借:应付票据　　30 000
　　贷:银行存款　　30 000

(4)6月5日,销售一批产品,实现营业收入100 000元,增值税率13%,凭证号为收字10,会计分录为:

借:银行存款　　113 000
　　贷:主营业务收入　　100 000
　　　　应交税费——应交增值税(销项税额)　　13 000

(5)6月9日,公司委托某金融机构向外贷款50 000元,凭证号为付字12,会计分录为:

借:委托贷款　　50 000
　　贷:银行存款　　50 000

按照银行存款业务发生的先后顺序登记银行存款日记账,如表5—15所示。

表 5—15　　　　**A 公司 2022 年 6 月份银行存款日记账**

2022 年		记账凭证		摘　要	对方科目	借方	贷方	借或贷	余额
月	日	类别	号数						
6				月初余额				借	100 000
	2	付	2	提取现金	库存现金		10 000	贷	90 000
	3	收	3	收到偿还货款	应收账款	11 000		借	101 000
	4	付	7	承兑汇票	应付票据		30 000	贷	71 000
	5	收	10	销售产品	主营业务收入	100 000		借	
					应交税费	13 000		借	184 000
	9	付	12	委托贷款	委托贷款		50 000	贷	134 000
				本月合计	本月合计	124 000	90 000	借	134 000

表 5—15 中，每日余额是根据“本日余额＝上日余额＋本日借方发生额－本日贷方发生额”计算得出的；末栏的银行存款本月合计是根据“月末余额＝月初余额＋本月借方发生额合计数－本月贷方发生额合计数”计算得出的。

【任务实施】

B 公司在 2022 年 6 月发生了下列涉及银行存款收付的业务，已知 2022 年 5 月银行存款余额为 100 000 元。

(1)6 月 5 日，收到 D 公司发放的现金股利 1 210 元，如果采用成本法记账，凭证号为收字 15，会计分录为：

借：银行存款　　　　1 210

　　贷：投资收益　　　　1 210

(2)6 月 9 日，用银行存款支付业务招待费 8 000 元，凭证号为付字 19，会计分录为：

借：管理费用　　　　8 000

　　贷：银行存款　　　　8 000

(3)6 月 15 日，收到出租包装物的租金 5 000 元，凭证号为收字 26，会计分录为：

借：银行存款　　　　5 000

　　贷：其他业务收入　　　　5 000

(4)6 月 20 日，为购买原材料而预付给 C 公司 10 000 元，签发转账支票支付，凭证号为付字 27，会计分录为：

借：预付账款　　　　10 000

　　贷：银行存款　　　　10 000

(5)6 月 23 日,公司因急需一笔流动资金而向某金融机构借入 80 000 元,期限 2 个月,凭证号为收字 32,会计分录为:

借:银行存款　　80 000

　贷:短期借款　　80 000

(6)6 月 29 日,借入为期 2 年的一笔款项 300 000 元,凭证号为收字 38,会计分录为:

借:银行存款　　300 000

　贷:长期借款　　300 000

请根据上述业务编制 B 公司的银行存款日记账,将答案填入表 5—16 中。

表 5—16　　B 公司 2022 年 6 月份银行存款日记账

年		记账凭证		摘　要	对方科目	借方	贷方	借或贷	余额
月	日	类别	号数						
				月初余额					100 000
				本月合计	本月合计				

任务四　银行存款余额调节表

【任务引入】

林某在核对公司银行存款日记账余额与银行发来的银行对账单时发现,二者余额不同,为什么会出现这种情况呢?林某陷入沉思。

【知识准备】

银行存款余额调节表

一、银行存款余额调节表的含义

银行存款余额调节表是出纳人员为了核对本单位银行存款日记账余额与银行方的存款账面余额而编制的、通过对双方未达账项进行调整来实现双方余额平衡的一种报表。编制银行存款余额调节表的意义如下：

（1）编制银行存款余额调节表的目的是核对账目，检查账簿记录是否正确，所以，调整的未达账项并不入账。

（2）调节后如果双方余额相等，一般可以认为双方记账没有差错；调节后如果双方余额仍不相等，原因有两个，要么是没全部查出所有未达账项，要么是一方或双方账簿记录存在差错。无论何种原因，都要进一步查清楚，并加以更正，一定要到调节表中双方余额相等为止。

（3）调整后的余额是企业存款的真实数字，也是企业当日可以动用的银行存款的极大值。

二、银行存款的账实核对

月份终了，会计要与出纳对账，银行存款总账余额应与银行存款日记账余额核对相符。

银行存款的核对主要是指银行存款日记账与有关收付款凭证的核对、银行存款日记账与银行对账单的核对。

银行存款日记账与银行对账单至少每月核对一次，由开户银行定期将对账单提供给各开户单位，一般先由管理银行存款的出纳人员将对账单与自己的银行存款日记账，就凭证的种类、编号、摘要内容、方向、金额等逐笔逐项进行核对，凡是核对相符的，分别在各自有关数额边上打“√”作为标记。出纳人员核对结束后，应由会计主管人员或其指定人员进行复核，复核人员应特别注意：单位银行存款账面余额核对相符后，也应将收入、付出款项逐笔核对，以防止盗用单位银行账号、非法代收代付现象的发生。核对结束，没有在双方账单中打“√”标记的，则为双方不符的款项。如属于本单位差错，应用错账更正法更正后重新登记入账；如属于银行方差错，应立即与银行取得联系，核查更正；如果双方记账都没有差错，但双方账目仍不一致，则说明企业与银行之间存在未达账项。所谓未达账项，是指企业与银行之间由于收到银行收付款结算凭证的时间不同，而产生一方已经收到凭证入账，另一方因没有收到凭证而尚未入账的款项。

未达账项

三、未达账项产生的原因

未达账项是结算凭证在企业与银行之间(包括收付双方的企业及双方的开户银行)流转时,一方已经收到结算凭证做了银行存款的收入或支出账务处理,而另一方因没有收到结算凭证尚未入账的款项。未达账项有以下 4 种类型:

(1)银行已收,企业未收。

(2)银行已付,企业未付。

(3)企业已收,银行未收。

(4)企业已付,银行未付。

情况(1)和(4)会使企业银行存款日记账账面余额小于银行对账单余额,情况(2)和(3)会使企业银行存款日记账账面余额大于银行对账单余额。无论出现哪种情况,都会使开户单位银行存款日记账余额与银行对账单存款余额不一致,很容易开出空头支票,对此,必须编制"银行存款余额调节表"进行调节。

四、银行存款余额调节表的编制

出纳人员在确定了未达账项的具体类型后,即可按照余额调节公式进行试算平衡。余额调节公式为:

银行存款日记账期末余额+银行已收、单位未收的款项−银行已付、单位未付的款项

=银行对账单期末余额+单位已收、银行未收的款项−单位已付、银行未付的款项

根据上述原理,银行存款余额调节表的具体编制方法就是在银行与开户单位的账面余额的基础之上,加上各自的未收款、减去各自的未付款,然后再计算出双方余额。通过银行存款余额调节表调节后的余额才是单位银行存款的实存数。

银行存款余额调节表是用来查明开户单位存款实有数、试算银行与开户单位的账簿记录正确性和一致性的一种表格,见表 5−17。

表 5−17　　银行存款余额调节表

企业银行存款日记账余额		银行对账单余额	
加:银行已记增加 企业未记增加		加:企业已记增加 银行未记增加	

续表

企业银行存款日记账余额		银行对账单余额	
减:银行已记减少 企业未记减少		减:企业已记减少 银行未记减少	
调节后的余额		调节后的余额	

企业应编制银行存款余额调节表,对未达账项进行调整,调整的具体步骤:(1)将未达账项按上述4种类型分别记入银行存款余额调节表;(2)分别计算表中“调整后银行对账单余额”和“调整后企业账面余额”,两者相符,说明银行存款日记账正确;(3)将填制完毕的银行存款余额调节表经主管会计签章之后,呈报开户银行。

【任务实施】

A公司2022年12月31日银行存款账面余额为89 000元,而银行对账单存款余额为97 750元,经逐笔核对发现下列未达账项:

(1)12月30日,企业开出转账支票一张,金额为8 000元,银行尚未入账;

(2)12月31日,银行代付水电费1 350元,企业尚未收到付款通知;

(3)12月31日,企业收到转账支票一张,金额6 300元,送存银行,银行尚未办妥入账手续;

(4)12月31日,银行代企业收回销货款8 400元,企业尚未收到收款通知。

根据以上业务编制A公司“银行存款余额调节表”,填入表5—18中。

表5—18　　银行存款余额调节表

企业银行存款日记账余额		银行对账单余额	
加:银行已记增加 企业未记增加		加:企业已记增加 银行未记增加	
减:银行已记减少 企业未记减少		减:企业已记减少 银行未记减少	
调节后的余额		调节后的余额	

项目六

出纳工作移交业务

学习目标

知识目标

1. 了解出纳移交工作的主要内容。

2. 熟悉出纳交接具体阶段任务。

3. 熟悉出纳工作相关制度。

能力目标

1. 能结合企业实际情况完成出纳工作交接。

2. 掌握出纳工作相关法规与制度，依法办事、按章操作。

素质目标

1. 移交工作时，按章办事，为下一步出纳具体工作做好准备。

2. 养成良好的职业习惯。

任务一　出纳移交工作要求及内容

【任务引入】

郑某作为某公司的老出纳人员，近期向公司递交了辞职报告，经过公司领导研究决定同意郑某辞职，并由刚招聘来的大学生林某继续担任出纳职务。现在公司领导安排林某去与郑某进行出纳工作的移交，林某该怎样做呢？

【知识准备】

出纳移交工作(1)

一、出纳工作交接的含义

出纳工作交接是指出纳人员因调动工作或者离职等原因，由离任出纳人员将有关工作和资料票证移交给继任出纳人员的工作过程。出纳人员因工作调动或者其他原因离职，必须将本人所经管的出纳工作全部移交接替人员。

出纳工作交接要做到两点：一是移交人员与接管人员要办清手续；二是交接过程中要有专人负责监交。交接要求进行财产清理，账账核对，账款核对，交接清理后要填写移交表，将所有移交的票、款、物编制成详细的移交清册，逐一向接管人清点；然后由移交方、接管方、监交方三方签字盖章，同时将移交表存入会计档案。

二、出纳工作交接的原因

出纳人员办理交接手续主要有以下几个方面的原因：

(1)出纳人员辞职或离开单位。

(2)企业内部工作变动不再担任出纳职务。

(3)出纳岗位内部增加工作人员进行重新分工。

(4)出纳岗位轮岗调换到会计岗位。

(5)因病假、事假或临时调用，不能继续从事出纳工作。

(6)因特殊情况如停职审查等按规定不能继续从事出纳工作。

(7)企业因其他情况按规定应办理出纳交接工作的，如企业解散、破产、兼并、合并、分立等情况发生时，出纳人员应向接收单位或清算组移交。

三、出纳工作交接的内容

出纳工作交接的具体内容根据各单位的具体情况而定，情况不一样，移交的内容也不一样。但总体来看，出纳工作交接主要包括以下一些内容：

（一）财产与物资

（1）会计凭证（原始凭证、记账凭证）。

（2）会计账簿（库存现金日记账、银行存款日记账等）。

（3）相关报表（出纳报告单等）。

（4）现金、银行存款、金银珠宝、有价证券和其他一切公有物品。

（5）用于银行结算的各种票据、票证、支票簿等；各种发票、收款收据，包括空白发票、空白收据、已用或作废的发票或收据的存根联等。

（6）印章，包括财务专用章、银行预留印鉴以及“现金收讫”“现金付讫”“银行收讫”“银行付讫”等业务专用章。

（7）各种文件资料和其他业务资料，例如，银行对账单、应由出纳人员保管的合同或协议等。

（8）办公室、办公桌与保险柜的钥匙，各种保密号码。

（9）本部门保管的各种档案资料和公用会计工具、器具等。

（10）其他经办未了事项。

（二）电算化资料

实行电算化的单位，交接时还应包括会计软件密码、磁盘、磁带等有关电算化的资料、实物。

（三）业务介绍

（1）原出纳人员工作职责和工作范围的介绍。

（2）固定办理的业务介绍，如按期交纳电费、水费、电话费的时间等复杂业务的具体说明。

（3）历史遗留问题的说明以及其他需要说明的事项，如交纳电话费的号码、台数等，以及银行账户的开户地址、联系人等。

四、出纳工作交接的作用

《会计法》第四十一条规定：“会计人员调动工作或者离职，必须与接管人员办清交接手续。一般会计人员办理交接手续，由会计机构负责人（会计主管人员）监交。”出纳人员交接要按照会计人员交接的要求进行。出纳人员调动工作或者离职时，与接管人员办清交接手续，是出纳人员应尽的职责，也是分清移交人员与接管人员责任的重大措施。

办好交接工作，可以使出纳工作前后衔接，防止发生账目不清、财务混乱。

出纳人员必须按有关规定和要求办理好工作的交接手续，搞好工作的移交。出纳工作交接的作用有以下 3 个方面：

(1)可以明确工作责任，交接后，如发现移交人在交接前经办的出纳业务有违反财务会计制度和财经纪律的，仍应由移交人负责；交接后，移交前的未了事项，移交人仍有责任协助接管人办理。

(2)便于接管的出纳人员熟悉工作，保持会计记录的连续性。

(3)有利于发现并处理出纳工作和资金管理工作中存在的问题，预防经济责任事故和经济犯罪的发生。

【任务实施】

1. 出纳工作交接的内容主要有哪些？
2. 出纳工作交接的作用有哪些？

出纳移交工作(2)

任务二　出纳工作移交程序

【任务引入】

目前，郑某和林某二人在监交人财务部经理的协助下，按照出纳工作交接程序正有条不紊地进行交接。

【知识准备】

出纳工作交接一般分为 3 个阶段。

一、做好交接前的准备工作

(一)移交人员交接前的准备工作

移交人员交接前需要做如下准备工作：

(1)将出纳账簿登记完毕，并在最后一笔余额后加盖名章。

(2)出纳账与现金、银行存款总账核对相符，现金账面余额与实际库存现金核对一致，银行存款账面余额与银行对账单核对无误。

(3)在出纳账启用表上填写移交日期，并加盖名章。

(4)整理应移交的各种资料，对未了事项要写出书面说明。

(5)编制移交清册，填明移交的账簿、凭证、现金、有价证券、支票簿、文件资料、印鉴和其他物品的具体名称和数量。

移交清册包括移交表和交接说明书两部分。移交表有“库存现金移交表”“银行存款移交表”“有价证券、贵重物品移交表”“核算资料移交表”“物品移交表”。其中,“银行存款移交表”应根据开户银行、币种、期限、账面数、实有数分别填列。有价证券、贵重物品在单位归出纳保管,出纳工作交接时,在对其进行清理核对后,按名称、购入日期、数量、金额等填入“有价证券、贵重物品移交表”。

交接说明书是对移交表中无法列入或尚未列入的内容作具体说明的文件。该说明书应包括交接日期、交接双方及监交人员的职务和姓名、移交清册页数、需要说明的问题和意见。

(二)接管人员交接前的准备工作

接管人员在交接前应做好接替准备,尤其是做好存款印鉴更换准备工作,便于接任后可以立即开始工作。

二、交接阶段

《会计基础工作规范》第二十八条规定:“会计人员办理交接手续,必须有监交人负责监交。一般会计人员交接,由单位会计机构负责人、会计主管人员负责监交;会计机构负责人、会计主管人员交接,由单位领导人负责监交,必要时可由上级主管部门派人会同监交。”

移交人员在办理交接时,应根据移交清册内容逐项移交,具体操作如下:

(1)现金、有价证券、贵重物品要根据出纳账和备查账簿余额进行逐一点交。接管人发现不一致时,移交人要负责在限期内查清。

(2)银行存款账户余额要与银行对账单核对。在核对时如果发现疑问,移交人和接管人应一起到开户银行当场复核,并编制银行存款余额调节表。

(3)在银行存款账户余额与银行对账单余额核对相符的情况下,移交有关票据、票证及印章,同时由接管人更换预留在银行的印鉴章。同时,银行印鉴卡各是哪些银行的,需一一进行查看。票据的交接通常是对于空白的现金支票、进账单、结算申请书、国税发票、地税发票以及一些作废的现金支票、转账支票的交接清点。交接时,尤需强调的是,这些票据的号码必须是相连的,要注意清点。企业一般都有财务章、法人章、公章、合同章、地税发票章、国税发票章、现金收付转讫章,这些印章尤为重要,交接时要注意核实哪些章是由移交出纳保管的,做好交接,切不可丢失。公司证件交接主要有企业的营业执照正、副本,组织机构代码证正、副本,税务登记证正、副本,银行开户许可证,发票领购本,地税通卡。

(4)出纳账簿移交时,接管人应核对账账、账实是否相符。实行会计电算化的单位,应先将账页打印出来,装订成册后,再进行交接。

(5)出纳账簿和其他会计资料必须完整无缺,不得遗漏。如果有短缺,由移交人查明原因,在移交清册中注明,由移交人负责。

(6)移交人应将保险柜密码和钥匙、办公桌和办公室钥匙一一移交给接管人,接管人在交接完毕后,应立即更换保险柜密码及有关锁具。

(7)接管人办理接收后,应在出纳账簿启用表上填写接收时间,并签名盖章。

三、交接结束

交接结束后,交接双方和监交人员要在移交清册上签名或盖章。移交清册一式三份,其中,交接双方各持一份,另一份作为会计档案在交接结束后归档保管。

【任务实施】

1. 出纳人员在办理交接之前应做好哪些准备工作?
2. 出纳人员交接过程分哪几个阶段?

任务三　移交资料保管要求

【任务引入】

目前,郑某和林某的出纳工作交接即将结束,在交接过程中,填制了一系列出纳工作移交资料,这些资料该如何保存呢?

【知识准备】

出纳工作移交资料主要包括库存现金移交表,银行存款移交表,有价证券、贵重物品移交表,核算资料移交表,物品移交表以及交接说明书等。

一、库存现金移交表

根据库存现金实有数,按币种(分为人民币和各种外币)、币别分别填入库存现金移交表内。库存现金移交表如图 6—1 所示。

库存现金移交表

币种：　　移交日期：　年　月　日　　单位：元　　第　页

币　别	数量(张)	金　额	接收金额	备　注
100元				
50元				
20元				
10元				
5元				
2元				
1元				
5角				
2角				
1角				
合　计				

单位负责人：　　移交人：　　监交人：　　接管人：

图 6—1　库存现金移交表

二、银行存款移交表

银行存款分为活期存款和定期存款，有的单位还可能在不同的银行开户，因此，填表时应根据账面数、实有数、币种、期限、开户银行等分别填写。银行存款移交表如图 6—2 所示。

银行存款移交表

移交日期：　年　月　日　　单位：元　　第　页

开户银行	账 号	币　种	账面数	实有数	备注
合　计					

附件及说明：

(1) 账面数为银行存款日记账余额，实有数为银行对账单金额；

(2) 银行存款余额调节表（　）张；

(3) 银行印鉴卡片（　）张。________________

单位负责人：　　移交人：　　监交人：　　接管人：

图 6—2　银行存款移交表

三、有价证券、贵重物品移交表

有价证券、贵重物品是出纳经管的单位财产。移交时，出纳移交人员应根据清理核对后的有价证券和贵重物品按品种、价值等分别登记。

对贵重物品较多的单位，可分别编制有价证券移交表和贵重物品移交表等分别登记，其格式可以自行设计。

四、核算资料移交表

核算资料主要包括出纳账簿、收据、借据、银行结算凭证、票据领用使用登记簿，以及其他文件资料等。核算资料移交表如图6—3所示。

核算资料移交表

移交日期：　　年　　月　　日

名　称	年　度	数　量	起止时间	备　注
现金日记账				
银行存款日记账				
收据领用登记簿				
支票领用登记簿				
收据				
现金支票				
转账支票				

单位负责人：　　移交人：　　监交人：　　接管人：

图6—3　核算资料移交表

五、物品移交表

物品主要包括会计用品、公用会计工具等。出纳可以根据具体移交的物品编制物品移交表。

六、出纳人员工作交接书

出纳人员工作交接书是对移交表中无法列入或尚未列入的内容作具体说明的文件。交接书包括交接日期、交接双方及监交人员的职务和姓名、移交清册页数、需要说明的问题和意见。

【任务实施】

目的：掌握出纳工作交接的流程。

要求：根据所给资料，请写出出纳工作的交接步骤。

资料：某公司出纳员赵某要退休了，准备由新招聘来的宋某担任出纳一职，该公司的财务部负责人为侯某。

参考文献

[1] 李华. 出纳实务(第四版)[M]. 北京:高等教育出版社,2018.

[2] 史建军,杜珊. 出纳实务[M]. 镇江:江苏大学出版社,2017.

[3] 陈风奎,刘颖. 出纳实务[M]. 北京:中国水利水电出版社,2016.

[4] 王丽云,杜艳梅. 出纳岗位实务[M]. 北京:北京理工大学出版社,2014.

[5] 王桂莲. 出纳实务[M]. 大连:东北财经大学出版社,2014.

[6] 左卫青. 出纳实务[M]. 北京:人民邮电出版社,2012.

[7] 郑宝凤. 企业财务会计[M]. 杭州:浙江工商大学出版社,2012.